“黄金の1週間”でつくる

学級システム化小辞典

張り切ってやる!
日直当番・給食・そうじ活動の仕掛け

甲本卓司 編著

まえがき

「給食を征する者は、学級を征する」と書いた。

これは弱肉強食の話をしているのではない。担任教師が給食をどのようにシステム化するかの話である。

やんちゃ君が給食時間を征したならば、学級は崩壊の一途をたどる。間違いない。

ある年、前年に崩壊した学級の担任になった。家庭訪問でお母さんが次のように話してくれた。

「今年は安心してデザートを食べられるようです。」

どうやら前年までは、力の強い子がデザートを食べるということになっていたらしい。

教師が負けているのだ。

給食のルールやおかわりのシステムを教師がつくればよい。日によって異なるシステムだったならば、それはシステムではない。1年間通してブレないシステムをつくることが大切な仕事なのだ。

学級崩壊した学級は通常の学級とどこが違うのか。崩壊した学級には、「給食は、弱肉強食」の裏システムがあった。

これは給食だけに留まらず、他にも伝播していく。

その学級のやんちゃ君は、机を上げ下げする道具を持っていた。自分の言うことを聞く子の机は高くなり、そうではない子の机はそのままだったそうだ。４月にそうしたことを一つ一つ潰していった。

なんていうことはない。教師がシステムをつくればいいのだ。

崩壊した学級には、すべてにおいてシステムがなかった。だから結果として、〈やんちゃ君がバッコする裏システムの発生〉を許してしまったのだ。

いまさら聞けない学級のシステムを本書で紹介した。

本書には、若い教師ならそのまま役立ち、ベテランであっても「なるほど」と思うことが必ず入っている。

こうした本はあるようで、実はないのだ。

組織にはシステムが必要だ。システムは知らないより知っていたほうがいい。

多くの方に役立つ本の一冊になると思うので、お手元に置いていただければ幸いである。


本書執筆にあたり、学芸みらい社の樋口雅子編集長にはたいへんお世話になりました。会うたびに叱咤激励をいただき、本当にありがとうございました。

また本書の原点は、ＴＯＳＳ代表の向山洋一氏の実践に間違いありません。この場を借りて御礼申し上げます。

平成27年12月７日

ＴＯＳＳ岡山サークルＭＡＫ代表　甲本卓司

まえがき …… 2

第1章
黄金の3日間
〈子どもが自主的に動く学級システムづくり〉

黄金の3日間でクラスのシステムをつくる

1 個人対応は、優しいようだが学級崩壊を引き起こす実践とは …… 10
2 当番活動にはどんなものがあるの？ …… 14
3 当番活動と係活動はどう違うの？ …… 16
4 日直の仕事とシステムづくり …… 18
5 40人のクラスでも大丈夫　1人1役のおすすめメニュー …… 20
6 チェックも簡単　提出物の集め方 …… 22
7 トラブルを防ぐ集金の方法 …… 24
8 たくさんの配布物を確実に配る方法 …… 26
9 こんなにある　おすすめの席替え方法 …… 28

目次

第2章

低学年の教室

〈サッとできる!
学級システムづくり〉

子どものやる気を生かす日直・当番活動

1 低学年での当番活動　成功のポイント……32
2 ちょっとした工夫でうまくいく健康観察の仕方……34
3 時間がかからない　宿題・忘れ物チェックの方法……36
4 朝の会・朝学習を成功させるポイント……38
5 あいさつ・返事・後片づけを指導できる朝の会……40
6 これだけはダメ　朝の会に陥りやすい失敗例……42

自分たちでできる給食当番の進め方

7 低学年の指導のポイント・解説……44
8 絶対にこれだけは……「給食のやくそく」……46
9 おすすめ!　一目で分かる給食当番表……48
10 服の着替えさせ方・準備の仕方はこうする……50
11 無理のない配膳の仕方……52
12 低学年のおかわり指導……54
13 なかなか食べられない子への指導……56
14 食べかす・ゴミが残らない片づけの方法……58
15 低学年の給食指導　陥りやすい失敗……60

子どもたちだけでもできる掃除システムのつくり方

16 低学年の掃除指導のシステムづくりのポイント……62
17 1年生初めての掃除指導を成功させる秘訣……64
18 掃除指導きほんのき「正しい道具の使い方」……66
19 1年生　教室掃除のやり方……70
20 ちょっとした工夫でぴかぴかになる掃除の仕方（窓）……72
21 ちょっとした工夫でぴかぴかになる掃除の仕方（黒板）……74
22 教師不在でもできる2年生「掃除指導」の秘訣……76
23 すぐに使える　掃除当番表のつくり方……78
24 あると便利　掃除で使えるグッズ……80
25 帰る前のちょっと一工夫　教室がきれいになる方法……82

第3章

中学年の教室

〈サボる子なし！
学級システムづくり〉

子どもがやりたくなる当番活動のしかけをつくる

1 朝の会のおすすめメニュー …… 86
2 これだけある　朝の時間に必要な仕事 …… 88
3 これだけはダメ　朝の時間に陥りやすい失敗例 …… 90
4 当番をさぼる子がいなくなる　ちょっとした工夫 …… 92
5 クラスの当番の決め方　交代までの期間は？ …… 94

どの子も納得、学級経営の肝となる給食指導

6 ちょっとした工夫でできる　中学年の給食指導を楽しくするネタ …… 96
7 やんちゃ坊主も納得！の「おかわり」指導 …… 98
8 食べ終わった後どうするか？　食後の時間を有効に使う …… 100
9 食器の片付けを丁寧にさせるポイント …… 102
10 中学年の給食指導　陥りやすい失敗 …… 104

掃除をはりきってやりたくなるシステムづくり

11 中学年　掃除指導のシステムづくりのポイント …… 106
12 掃除指導　さぼる子をなくすチェックシステム …… 108
13 教室掃除　大人数でもこうすればさぼる子がいなくなる …… 110
14 教師の目の届かない掃除場所指導「廊下・流し」編 …… 112
15 教師の目の届かない掃除場所指導「下駄箱」編 …… 114
16 教師の目の届かない掃除場所指導「階段」編 …… 116
17 けんかにならない　掃除当番の決め方 …… 118
18 早くて簡単！　掃除当番表のつくり方 …… 120
19 子どもが帰った後の教室をゴミ0にする方法 …… 122
20 中学年がやる気になる　掃除のお話 …… 124

目次

第4章

高学年の教室

〈教師不在OK！学級システムづくり〉

1人1役で個性が輝く、日直・当番活動

1 朝の会のおすすめメニュー …… 128
2 おすすめ朝学習のメニュー …… 130
3 これだけはダメ　朝の時間に陥りやすい失敗例 …… 132
4 超簡単！　休んだ子への連絡をシステム化する …… 134
5 帰りの会は長くやればやるだけ害になる …… 136
6 放課後に教室にいつも残る女子　どう対応する？ …… 138
7 教師の靴は児童用下駄箱に置き、子どもの状況を把握する …… 140
8 「1人1役」が特別支援教育に有効なのはなぜか …… 142

教師が不在でも困らない給食指導

9 給食の配膳を素早く行う方法 …… 144
10 着替え・出発・準備の目安を時間で示す　趣意説明の方法 …… 146
11 お代わり指導で、高学年を統率する …… 148
12 教師が不在の時、給食準備・配膳・片づけを成功させるワザ …… 150
13 高学年の給食指導　陥りやすい失敗 …… 152
14 ちょっとした工夫でできる高学年の給食指導を楽しくするネタ …… 154

自ら動き、達成感のもてる掃除システム

15 高学年が自ら動くシステムのつくり方 …… 156
16 少人数でもできる　教室掃除のポイント …… 158
17 たくさんの掃除場所はポイントを決めて、素早くチェック …… 160
18 特別教室の掃除指導にはコツがある（家庭科室、図工室、理科室） …… 162
19 特別教室の掃除指導にはコツがある（運動場編） …… 164
20 特別教室の掃除指導にはコツがある（トイレ掃除編） …… 166
21 特別教室の掃除指導にはコツがある（体育館編） …… 168
22 簡単にできる　掃除当番表 …… 170
23 縦割り掃除・1年生の掃除　下級生のお手本になる掃除の仕方 …… 172
24 高学年の行動を変容させる　掃除のお話 …… 174

いきいきとした子ども達のクラス

“黄金の1週間”でつくる
学級システム化小辞典

第1章

黄金の3日間

〈子どもが自主的に動く学級システムづくり〉

黄金の3日間でクラスのシステムをつくる

1 個人対応は、優しいようだが学級崩壊を引き起こす実践とは

一 黄金の3日間

この「黄金の3日間」の名前をつけたのは、向山洋一氏である。

向山氏は、この「黄金の3日間」を意識したのは、新採用のときである。

『新卒どん尻教師はガキ大将』の中に次のようにある。

> 人が大勢集まれば、ルールが必要になる。そこには自ずと、原理みたいなものが内在している。教師の勉強はほとんどやってこなかった私だが、青春の対価として身につけたことが教師の出発点で役に立った。一人一人、聞きにくる子供たちに対応しながら「これではいけない」と思ったのである。
>
> 青春時代に私に身についたことが、私のなかでささやいているのである。
>
> 「すぐに何とかしろ！」
>
> 「はっきりさせろ！」
>
> 一人一人やってくる子供たちのかわいらしさにのめりこんではならなかった。三校時と四校時を、特活の時間にあてた。
>
> 今までのルールの総ざらいである。
>
> （前掲載書　22頁）

向山氏は、学生運動のリーダーだった。

当時の学生運動は、今の私達には、想像がつかない。しかし、学生運動は、組織を統率していく極めて有効な修行の場であったことは確かである。

学生運動から教室の子ども達の統率へと変化していく。教室の子ども達の集団を出会いの日に組織する。それは、向山氏の経験則の中から誕生したことに違いない。

二 クラスのシステムをイメージせよ

クラスのシステムにはどのようなものがあるか。

これは、朝学校に来てから帰るまでをシミュレーションしてみればすぐにわかる。私も目を瞑ってイメージを膨らませる。そして、必要な仕事を紙に書き出す。

今年、書き出した仕事を紹介する。これは時系列で考えることにしている。

【朝】
①教室の窓をあける。
②教室の電気をつける。
③宿題を提出する。
④連絡帳を提出する。
⑤朝の会をする。
⑥号令をかける。
⑦司会者が司会を行う。

【昼・授業中】
①黒板を消す。
②配り物をする。
③学習をする。

【給食】
①給食当番が必要。
②給食台を拭く。
③机を拭く。
④号令をかける。
⑤片付けのシステムをする。

【帰り】
①帰りの会の司会。
②帰りの挨拶。
③窓を閉める。
④電気を消す。
⑤図書をそろえる。

以上である。

この時系列で考えた仕事を係として独立させる。

この時に、全員が必ずしなければならない係は、別に考えることにする。

例えば、給食当番である。

この給食当番は、誰もが食事をすることなので、全員が平等になるように決める。私の場合は、1年間固定している。機械的に出席番号順で決めることが多い。

後は、必要な仕事を係として整理し、分担をする。20名の教室なら20の係や分担が必要となる。

【係活動】
窓係（　）
電気係（　）
朝の会・司会係（　）（　）
号令係（　）
健康観察係（　）
生き物係（　）
黒板係（　）（　）（　）（　）

配り係　（　）（　）（　）
台ふき・はじめ　（　）（　）
給食システム係　（　）
台ふき・終わり　（　）（　）
帰りの会・司会係　（　）（　）
図書係　（　）
窓係　（　）
電気係　（　）
号令係　（　）

括弧の中に担当者を入れる。

基本的に1年間この係のシステムで通す。

三　係への質問

係を決定する際、子ども達に次のように話した。

「朝、学校へ来て帰るまでに必要な係を考えました。先生がいなくても1週間困らないように係を考えました。まだ、必要な係があったら言ってください。また、どんな仕事をするのかがわからない時は言ってください」

子ども達から出てきた質問は、一つだった。

「給食システム」である。

この仕事は、食器を返す時の流れを考えて、食器入れを並べる仕事である。給食を用意することと、食器を返すことは別のロジックになる。ゴミは、いつ捨てるのか。ゴミ入れを返却机の端にテープで留める。

そういったことを給食のメニューに合わせてシステムをつくる。それが、給食システム係の仕事である。

四　係の決め方

個人カードは、始業式までに2セットはつくっておきたい。この個人カードは、磁石で黒板に貼れるようなものがよい。

まず、係を黒板に書き出す。（　）も付ける。

そして、自分のやりたい係に名前カードを貼らせる。

この時には、次のように言う。

「やりたい係に名前カードを貼ります。他の人とダブったらジャンケンをして決めます」

この時、若干の隙間時間を用意する。黒板を見て移動したかったら移動してよいと告げる。子ども同士で調整がつく。人数が多いところはなりにくい。また、少ないところは可能性が高いのだ。

名前カードを全員貼らせてダブったところをジャンケンで決める。ジャンケンに負けたら残った係をする。明確なルールである。

私は、2週間で係を交代している。掃除場所も同じである。慣れてくると係と掃除当番を決めるのに30分とかからない。係だけなら15分もあれば決定する。

黄金の3日間のシステムづくりで、一番は、この係を決めることである。後は、組織が動き出してから創造的な係を決定していく。

五　全員に徹底する

係の他にも掟が次々にある。給食が終わったらどうするのか。掃除が早く終わったらどうするのかといった掟である。これは、昨年度までのものを基本的には採用する。しかし、これらの掟を学級に作用させるには次のことが極めて大切である。

学級全員の前で、明確に行う。

これをないがしろにすると、すべて崩れてくる。

4月に決めたルール（掟）は、紙に書いて貼っておくとよい。それは、後々効いてくる。

例えば、6月、10月、2月である。このころに綻びがでるのだ。

綻びは、アドバルーンととらえてもよい。みんなで確認していたルールが守れない。それを修正させるのが、この1枚の紙の中にある。

給食が早く終わっても外に出ない。と決まっているなら外に出したらダメだ。1人を出すと、次の日には2人、その次の日には、4人となる。最初の1人の時に指導をする。ルールの書いてある紙の前に連れて行き、読むだけでよい。ルールを変えるなら全員の前で納得するようにしなければならない。

これが大切である。

アドバルーンがあがりやすいのが今書いた6月、10月、2月なのだ。

私は次のように言う。

いつでも黄金の3日間に立ち返れ。

アドバルーンを叩いてくれるのは、システムである。

追記　この原稿を書いている時に若い先生から相談があった。ルールが守れない子がだんだんに存在するというのだ。私は、たった一つのことだけで戦うことをアドバイスした。戦いは、たった一つのことで行うから勝てるのだ。あれもこれもでは、逃げていってしまう。逃げ道をつくらせないのが大人の知恵である。

〈参考文献〉学芸みらい教育新書『小学三年学級経営　新卒どん尻教師はガキ大将』向山洋一著（学芸みらい社）

（甲本卓司）

2　当番活動にはどんなものがあるの？

一　係活動と区別しよう

係活動と当番活動。

低学年では混在していることが多いが、教師が区別しておくことが大切だ。

では、当番活動とはなんだろう。

当番活動……毎日繰り返される仕事で、創意工夫のあまり入らないもの

基本的に当番活動は、

クラスになくてはならない仕事

である。

これに対して、係活動は、

「クラスになくても困らないが、クラスを楽しくするための自主的な活動」である。

当番活動には、

給食当番　掃除当番　日直　その他の当番

の主に4種類あると考える。

二　給食当番と掃除当番

給食当番は、出席番号などでクラスを二つか三つに分けて行う。

1週間ごとに交代する場合が多い。

給食当番は、担当場所ごとに分けて全員で担当する。

これらの仕事は、全員が協力して仕事を行う。

三　日直

その日1日の責任者。

主に席順で隣同士の輪番制である。

朝の会などの司会や、欠席者の仕事の代わりなどをする。

四　その他の当番

その他の当番は、1人で一つの仕事とする。

つまり36人のクラスなら、36個の当番がある（配りなどは4人などになる場合もある）。

私のクラスの場合「1人1役当番」と呼ぶ。

例えば、このような当番がある。

・窓あけ（朝窓をあける）
・電気（電気やテレビをつける、消す）
・朝ゴミ10個（朝学校に来たらゴミを10個拾う）
・音楽・CD（朝の歌のCDをかける）
・黒板AM（午前中の授業の黒板を消す）
・チョークチェック（朝、チョークの数をチェックする。足りなければ補充する）
・配り（配布物を配る）
・掲示物チェック（掲示物がはがれていないかチェックする）
・あいさつ（朝や帰りのあいさつの号令をかける）
・黒板PM（午後の黒板を消す）
・名簿・ソート（提出物などを順番に並べる）
・きれい（ゴミ箱のゴミを捨てに行く）
・体育・ボール（体育の準備・片付け）
・窓しめ（帰りに窓をしめる。カーテンもしめる）
・机そろえ（帰りに机がそろっているか見る）
・花と木に水やり（学級園の花に水をやる）
・当番入れ替え（日直の名前・週に1度給食当番の札を入れ替える）
・習字（習字の時間の水書黒板・ゴミ袋などを用意する）
・黒板消し（黒板消しを1日1回きれいにする）
・掃除道具整頓（掃除道具入れの中を整頓する）
・ぞうきん整頓（ぞうきん掛けのぞうきんを整頓する）
・ロッカー整頓（ロッカーの中の整頓をする）
・帰りゴミ10個（帰る前にゴミを10個拾う）
・黒板みぞ（帰る前に黒板のみぞの粉をとる）
・日付（黒板の日付を書き換える）
・予定（週予定・週のめあてを書く）
・本棚整頓（学級文庫の本を整頓する）
・お休みカード（欠席者のお知らせを書き、近所の子に届ける）

等

教師が1日留守にしても、学級が動く

1日をイメージして、子どもたちの動きをシミュレーションする。そうして当番活動をつくっていく。

（吉田真弓）

3 当番活動と係活動はどう違うの？

一 新卒の頃の私の学級での悲惨な状況

4月、新しい学級の担任になる。
学級生活を快適に、楽しく送らせたいと考えるだろう。
そして、学級の子どもたちに様々な仕事を担当させる。
連休があける頃には、仕事をしない係が現れる。
怒鳴って何とか仕事をさせようとする。しかし、うまく軌道に乗らない。
1年が終わる。結局、担当にはなったものの、何もしなかった子どももいる。
たくさん仕事をした（させられた）子どもは、不満をもっている。
こんな経験をした方はいないだろうか？
実は、私の新卒の頃の状況である。
学級の仕事について、私自身が明確に分かっていなかったのが、大きな原因である。

二 当番活動と係活動はどう違うのか

TOSS代表の向山洋一氏の学級の仕事についての論文を読み、目から鱗が落ちる思いであった。

> 一 学級を維持するため、毎日定期的に繰り返される仕事で、一定の人数が必要なもの。
> （例 掃除当番　給食当番）
> 二 定期、不定期にかかわらず繰り返される行事で、少人数でよいもの（創意工夫をあまり必要としないもの）。
> （例 黒板係、配布物係、落とし物係など）
> 三 学級生活を豊かにするために必要な組織。文化・スポーツ、レクリエーション三分野の係。
> （例 集会係、スポーツ係、新聞係など）
> 『新版・学級を組織する法則』向山洋一著（学芸みらい社）

当番活動と、係活動について、以上のように分けられている。それぞれの活動のポイントを述べていく。

三 当番活動のポイント

当番活動は、誰かが必ずやらなければならない仕事である。この仕事がないと、学級生活を快適に送らせることはできない。

ポイントは二つある。

①1人1役でおこなう

複数で一つの仕事を担当すると、必ずたくさん仕事をする子どもとそうでない子どもが現れる。

強い子が弱い子に仕事を押しつける可能性も生じる。

1人1役の当番にすることによって、子どもも責任をもって仕事に取り組むことができる。責任も明確になる。

4月に担任になった段階で、子どもたちの人数分だけ仕事を考える。

仕事を考える際には、向山洋一氏が述べられた、「担任の先生が1週間いなくても、子どもたちだけで生活できるようにする」ことを念頭に置くと良い。

②チェックシステムを取り入れる

担当を決めれば終わりではない。1年間有効に機能するように、チェックシステムを取り入れる。

やっていない仕事があれば、日直が代行するシステムをおすすめする。

このことによって、やっていない当番に対して、日直が「仕事をしよう」と働きかけだす。

掲示も工夫する。

ホワイトボードに、「まだです」「仕事しました」の欄をつくっておく。カラー磁石に名前を書いておき、仕事をしたら、「仕事しました」の欄に動かす。明確になる。

四　係活動のポイント

係活動は、クラスをより楽しくする活動である。

より楽しくさせるためのポイントは次の二つである。

①会社名をつけさせる。

「配布係」というよりも、「なんでも配ります会社」など会社名をつけさせる。

これだけで動きがかわってくる。子どもたちは様々なアイディアを出し、より教室を楽しくしてくれる。

②倒産や、社員募集などもさせている。

会社であるから、仕事がない場合、しなかった場合には、倒産もある。

逆に、仕事の多い会社、人気の高い会社には、社員を募集させる。楽しい学級になっていくだろう。

（大恵信昭）

4　日直の仕事とシステムづくり

一　日直はその日の責任者

日直の仕事も「当番」の一つである。

日直は、

その日1日の責任者

と考える。

その日1日クラスの活動に責任を持つ、のである。

おもな仕事を見ていこう。

① 当番活動がきちんとできているか、チェックする。

その日1日、1人1役の当番が、全部できているかを見るのである。

当番活動の札を見て、下校までにできていないものについては、放課後すべて日直がすることになる。

だから、日直はすべての当番がきちんと仕事をしないと、自分がたくさんの仕事をしなくてはならなくなる。

そうなりたくないので、子どもたちは日直の時、

「○○当番さ〜ん。仕事をしてください。」


などと声をかけるようになる。

もう必死である。

これは、当番活動をきちんとすることを、促すことにもなる。一石二鳥だ。

そして

② 欠席者の1人1役の仕事は、日直がする。

当番活動は、クラスになくてはならないものだ。

欠席者があった時、その仕事が滞る。

そういう時に、日直が代わりを果たすことにしておけば、困らないし、いちいち代わりを指示する手間が省ける。

③ 当番にない仕事や役割がきた時は、日直がする。

急にクラスの代表をだすことになった、とか手伝いが必要になったとか、そういうこともよくあるだろう。

希望者を募るほどの内容ではない時は、

「今日の日直、お願いします。」


と言えば、文句も出ないし、時間もとらないですむ。

次の仕事は、

④　担任が不在の時、先生の代わりをする。

出張などで、担任が留守になることがあるだろう。

そういう時に、先生がしていたことを日直が代わりにする。

例えば、

・図書館など特別教室に出発する合図を出す。
・困ったことがあったら、隣のクラスの先生に言いに行く。
・給食当番の出発の合図をする。
・全員が帰る用意ができて、あいさつをしてもらうために隣のクラスの先生に知らせに行く。

などが考えられる。

こういう時は、誰かがリードをとらなくてはならない。いつもいつも声の大きい子がリードする、という教室にはしたくない。

また、日直なら輪番制なので、誰でもリーダーを経験するチャンスも生まれるのだ。

二　日直のシステムづくり

席順で隣同士の輪番制がよいだろう。

毎日交代する。

ただし、次のような場合、次の日も日直を続けてやってもらうようにする。

1人1役当番の仕事のチェック忘れ。

前述したように、誰かが仕事をし忘れて帰ったら、その仕事をすべて日直が放課後にして帰らなくてはならない。「クラスの責任者」として、全体に目を光らせなくてはならない。

日直も必死にチェックをする。

また、誰が日直かがはっきりするように、黒板の日付の下などに日直の名前カードを貼っておくとよい。

そうすることで、子どもたちも自分が日直であることを意識して、1日過ごすことができる。

教師のほうも把握しやすい。

（吉田真弓）

5 40人のクラスでも大丈夫 1人1役おすすめメニュー

一 1人1役で当番をさぼる子が少なくなる

クラスの中には、生活していくために必要な仕事がいくつかある。

例えば、朝、学校に来て窓をあける仕事。

健康観察板をもってくる仕事。

黒板を消す仕事。

そのような仕事のことを「当番」と呼んでいる。

そして、このような仕事を、1人が1つずつ分担して行おうというのが、「1人1役」である。

1人1人やることが明確であるから、責任が生じる。

また、誰が当番をしていて、誰がしていないのかが明確になる。

だから、さぼる子が少なくなるのである。

二 絶対あると便利なメニュー

クラスによって人数が違うので、それにともなって、仕事の数も変わってくる。

まずは、20人前後のクラスで、「ぜひ、これだけは」というものをあげる。

1	窓あけ（朝きた時、休み時間の換気）
2	窓しめ（帰りにしめる）
3	健康観察（健康観察をする）
4	健康観察（健康観察板を持ってくる）
5	学級文庫（本を整理整頓する）
6〜10	黒板（1校時、2校時というように、時間ごとに分ける。5・6校時だけは1人で行う。全部で5人）
11	赤鉛筆削り（貸し出し用の赤鉛筆を削る）
12	鉛筆削り（貸し出し用の鉛筆を削る）
13	ぞうきん（ぞうきんの整頓をする）
14〜17	配り（ノートなどを配る。人数にあわせて増やしてもよい。4人程度）
18	掲示（お知らせの紙などを貼る）
19	鉛筆削り機（削ったかすを捨てる）
20	クリーナー（黒板消しのクリーナーをきれいにする）
21	お休み（休んだ子への連絡物を近所の子に届ける）
22	電気（電気をつけたり消したりする）

以上のような仕事があれば、もし教師が出張などで教室

をあけたとしても、子どもたちだけで1日を過ごすことができる。

三　＋αで大助かりのメニュー

最低限ほしいメニューの他にも、あったら助かるというようなメニューもある。

それを紹介していく。

23　チョーク（チョークを整頓する）
24　エプロン（エプロンの整頓をする）
25　掃除道具入れ（掃除道具の整頓をする）
26　傘（置き傘を整頓する）
27　百人一首（百人一首を整頓する）
28、29　特別教科（担人外の教科の先生との連絡、体育や習字などのお手伝い。2人）
30　文具（貸し出し用の文房具の整理）
31、32　提出物（宿題や集金袋など、出席番号順に提出物を並べる。2人）
33　シューズ（体育館シューズを入れているところを整頓する）
34　ゴミ捨て（ゴミを捨てる）

四　こんな当番もつくれる！

私のクラスには、他にも次のような当番がある。

35　おたすけ（先生のお手伝い。出張の時は、先生の代わりをする。例えば、給食のジャンケンなど）
36　暗唱（朝の会で、暗唱の練習をしている。その時に、何の詩文を練習するか決める）
37　朝の会（朝の会の司会をする。役割を決めていれば、いつも時間通りに始められる）
38　辞書（教室にある辞書を整頓する）
39、40　机整頓（帰りの挨拶の後、机が整頓されているかどうか確認する。2人）

このように、仕事を細分化すれば、大人数でも仕事を割り振ることができる。例えば、40人学級なら、配り当番を増やしてもいいし、整頓する内容を例えば、「ロッカー」や「習字道具」などと変えてもいい。

1人1役を行うと、必要な仕事を子どもたちだけで行うことができるようになる。1人に1つの仕事という明確な割り当てがあるから、うまくいくシステムである。

（小野隆行）

6 チェックも簡単 提出物の集め方

一　私の失敗・大混乱の提出物チェック

新年度が始まって間もない頃のことである。

緊急連絡カード、家庭環境調査票、コンパスの注文用紙、他アンケートが二つ、と提出物が重なった日がある。

朝、いつものように教室へ行くと、教卓の上にそれらの提出物が山積みになっていた。（私のクラスでは、登校してきた子から宿題を教卓に出すことになっている）

私は大あわてで山積みの提出物を分類した。

緊急連絡カードと家庭環境調査票は封筒に入れて持ってきている子もいて、それらを一つずつ整理していった。

ようやく分類が終わると、今度は誰が持ってきているのかのチェックをしなくてはならない。

「この紙を持ってきた人？」と子ども達にたずねるのだが、たくさんの提出物があったためかいまいち子どももよく分からない様子である。

仕方なしに、私は一つずつ提出物を確かめながら名簿にチェックを入れていった。

緊急連絡カードなどは出席番号順に並び替えて保管することになっている。40枚近くの用紙を並び替えるだけでもひと苦労であった。

二　教師が指示しながら提出させる

このような失敗を防ぐためには、

教師が指示をしながら提出させる

ようにすればよかったのである。

教師が指示をし、確認しながら提出させれば、さまざまの提出物がまざるのを防ぐことができた。

また、紙の表裏や向きもそろえさせることができたのである。

三　短時間で終わる提出物の集め方

いくつかの提出物を集める場合、一つずつ確認しながら集める方法もあるが、それでは時間がかかる。

ここでは、いくつかの提出物がある場合でも、確実に時間をかけずに提出させ、提出したかどうかのチェックも簡単な集め方を紹介する。

①準備する物

・児童名簿

・クリップ
・印鑑
・封筒

提出物を集めるときに、あると便利な道具である。

私はこれらの物を教室においていて、すぐに取り出せるようにしている。

②集め方

まず、給食の配膳台をセットする。

次に、出席番号の1番の子に提出物を置かせる。位置を微調整した後で、2番の子から順に提出物を置かせていく。

教師は子ども達が間違えた位置に提出していないか、提出物の向きがそろっているかをチェックすればよい。

クラスの人数が多い場合は、配膳台の上で提出する場所を男子用と女子用の2箇所に分ければよい。

この方法なら、いくつかの提出物がゴチャゴチャになることもなく、表裏や向きもそろう。また、出席番号順に提出させるので、あとで並べ替える必要もない。

提出物を持ってきていない子には、「○○（名前）です。○○がありません」と報告させ、教師は児童名簿にチェックを入れる。

ひととおり集め終わったら、クリップでとめておく。

封筒に入れるという方法もあるが、それだと中身が見えないので後で何が入っているのかをもう一度確認する必要があり二度手間になる。

集金は、このように置かせるやり方では、金額がきちんと合っているかわからないこともあるので、他の提出物とは分けて集めると良い。

封筒からお金を出させて、手の上に乗せて教師に見せるようにする。

おつりが必要な場合は、その場ですぐ処理をする。そして領収印をすぐに押して、子どもに持たせる。

集まったお金は大きな封筒に入れておく。

こうすることで、後でお金を数え直す必要がなくなる。

また、お金のトラブルも減らすことができる。

学期のはじめなどで、提出物が多いときに有効な方法である。

（熊谷直樹）

7　トラブルを防ぐ集金の方法

このような経験はないだろうか。

> 集金日の朝、子どもたちからお金を集める。
> 集金袋を持っている子もいれば、既に教卓に提出している子もいる状態である。
> 昼休みになって、集金袋の中身を確認すると、10円不足していた子がいた。
> あわててその子にたずねてみる。
> 子どもは「ちゃんと袋に入れてもらった」と言う。
> 一緒になって、その子のランドセルなどを調べるが見つからない。
> そこで、保護者に電話で確認する。
> 保護者は「間違いなく入れて持たせた」と言う。

保護者が、金額を間違えたのか？
子どもが、袋から落としたのか？
いずれにせよ、お金に関するトラブルは、保護者の信頼を失いかねないミスである。

一　トラブルを防ぐ集金の方法

このようなトラブルを防ぐためには、

> ・集金袋は、教師に手渡しさせる
> ・教師の目の前で袋を開けさせ、中身を確認する

ことである。
具体的には、次のようにする。

★準備する物
教卓に次の物を用意する。

> 箱、スタンプ台、領収印、封筒

★お金を持ってこさせる
教卓に準備ができたら、集金袋を用意させる。
教師は、教卓のところで待ち、次のように指示する。

> お金を集めます。
> 持ってくるときは、中のお金を出して手に乗せて用意します。（写真のようにさせる）
> 先生の前で金額のチェックを受けて、箱に入れます。

私のクラスでは、配布物を取らせたり、ノートのチェックを全員が一斉に受けるときには、右側の列の子から順番に教師の前を通過するように決めている。

集金の場合も同様の順に持ってこさせる。

① 子どもが手に乗せたお金の額をチェックする
② 箱の中に、お金を入れさせる
③ 集金袋を置かせる
④ 集金袋に領収印を押す

二　注意すること

おつりが必要な子は、最後にまわす。

つり銭をわたす用意をしていると、どうしても教卓の前に長い列ができてしまう。

その間に、お金を落としてしまったり、ケンカが始まってしまったりする可能性もある。

また、逆に金額が不足している場合は、

受け取らない。

お金が足りないことが分かれば、すぐに落とした可能性がありそうな箇所を調べさせる。ランドセルの中や、自分の席の下などに落としていることが多い。

この方法だと、教室で金額が合っているかどうかチェックできるので、お金をすぐに探すことができる。

気づいてすぐに探せば、落としたお金が見つかる可能性も高い。

三　集金後の処理

お金を集めたら、すぐに金融機関に預けられる状態にする。何人分のお金が集まったかは、集金袋の数を数えれば分かる。

この方法なら、トラブルを防ぐことができるだけでなく、時間もかけずにお金を集めることが可能である。

（熊谷直樹）

8 たくさんの配布物を確実に配る方法

一 配布物はすぐに配る

毎日といっていいほど配布物がある。

配布物を配る時に大切なのは、次の点である。

もらったその日に子どもに配る

配布物には、内科や耳鼻科などの問診表、学年便りや登下校、行事に関することなど様々ある。

もし、配ることなく忘れていたら保護者からのクレームがくることは間違いない。向山洋一氏は次のように言う。

> 教師の鈍感さは、まわりの人に多くの迷惑をかける。
> 相手に対する配慮が欠如しているのである。
> そうした人が、すばらしい学級を作るなど不可能だ。
> （中略：三宅）
> 私は、朝教室に入ると、「配布するもの」をまず配った。「これを、帰りに配ろう」と考えたことはない。私も人間だから、下校時のいそがしさにまぎれて配り忘れることがあると思っていたからである。
>
> （「教育トークライン」No.287 東京教育技術研究所）

配布した後に、注意したいことがある。

子ども達の中には、配布しても家に持って帰らない子がいる。そういう時は、次のようにする。

全員起立。プリントをファイルに入れたら座りなさい。

重要なお知らせのプリントを配った時に有効である。

二 配布物を速く確実に配る方法

配布物で、次のようなことに困ったことはないだろうか。

> ① 配った枚数が、列の人数より多い少ないがある
> ② 複数プリントを配布して、取っていないものがある
> ③ 家庭数のものか、そうでないのか判別しにくい

配布物を簡単に配るには、少し考えを変えるとよい。

教師は配らず、子どもに取らせる

まず、教卓や配膳台などに配布物を置く。

そして、子ども達に一方通行で取りに来させるのだ。冊子の帳合いの様子をイメージしてもらえればよい。

このようにすると、教師の手間がぐんと減る。

ここで、注意したいことが2点ある。

> ・プリントを並べるときは、色や形、材質が違うものを隣にする
> ・プリントを置く間隔は広めにする

プリントを取っている途中で、隣と混じってぐちゃぐちゃになることを防ぐためである。

三　さらに速く確実に配る方法

前述の方法だと、かなり教師の手間が減る。

ところが、配布物が多いと長蛇の列になる可能性がある。

そういう時は、両側から取らせるようにする。時間も半分になる。

また、5枚配布物があるならば、「1・2・3・4・5」と、声を出しながら取らせるとより確実になる。

ところで、配布物の中には、家庭数のものが中に混じっている時がある。

家庭数とは、学校に来ている児童の世帯数のことである。

1度配って、後で調整するのもかえって時間がかかる。

その時には次のように言う。

家庭数の人が最初に取りに来ます。

もし、配布物が余ったならば、それは全員配布のプリントだということだ。家庭数でない子を、一番最後に取りに来させるようにしておいてもよい。

以上の方法は、慣れれば低学年でも追試可能である。

（三宅孝明）

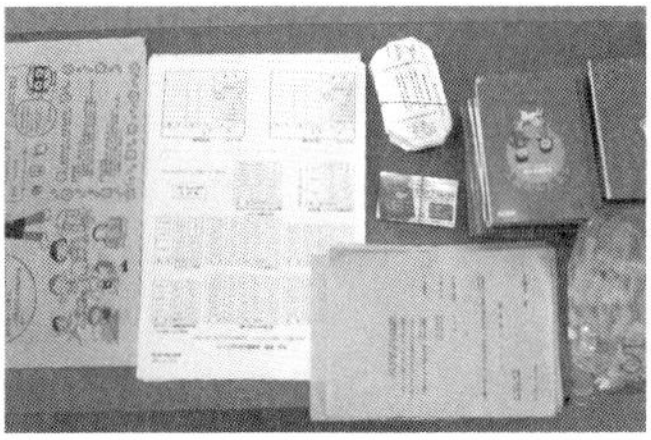

（並べる前）

↓

（並べた後）

9 こんなにある おすすめの席替え方法

――子どもの実態に応じた座席の配慮が、安定した学級をつくる

一　席替えのポイント

トランプでくじ、教師が決めるなど、席替えの方法は色色ある。ただ、席を決める時には、次の点をおさえておく必要がある。

子どもの実態に応じた配慮をすること

例えば、ADHDなど、多動傾向の子どもが隣同士になると、トラブルが多くなる。LDの児童は、視覚刺激、聴覚刺激が弱いことが多く、教室前方の教師のそばが良い。

どの方法であれ、このような配慮が、基礎学力を保証し、安定した学級をつくる基礎となる。

二　教師が決める

教師が座席を決める方法である。特に低学年のうちは、座席の違いが、学習や学級経営に影響が出やすい。配慮が必要な児童の席を、教師がコントロールできる。

ただし、いつも教師が決めていると、子どもから不満が出ることもある。4月に次のように言っておくとよい。

> 学校は次の二つをするところです。一つ目は「勉強をするところ」、二つ目は「友達と仲良くするところ」。
> みんなが、仲良く勉強できるように、座席は基本的に、先生が決めることにします。

特別支援が必要な児童は教室前方にし、隣にはしっかりした子がくるよう配慮する。

三　カードで決める

カードを子どもの人数分用意する。男子は黒マジック、女子は赤マジックなどで番号を書いておくと、配るときに間違いがない。トランプでも代用できる。次のように行う。

> ① 黒板に座席表を書き、男女別に番号をふる
> ② 教師が子どもたちの席を回っていき、カードを選ばせる（カードは教師の指示があるまで見ない）
> ③ 自分の席を確認させる
> ④ 机といすをもって移動させる

ここで大切なのは、特別支援が必要な子が教師の意図する席になるようにカードを仕組んでおくことである。

1	①	2	②
③	3	④	4
5	⑤	6	⑥
⑧	8	⑦	7
9	⑨	10	⑩

例えば、①の席にA君を配置したいとする。（○のついた番号が男子）配る前に、①番のカードは、カードの束の一番下に入れておく。

普通は上からカードを渡していくが、A君の時だけ、カードを下から渡す。

こうすることで、配慮の必要な児童の席を、教師がコントロールできる。

四　お見合い方式で決める

① 女子が好きな席を選ぶ。その間男子は教室の外で待っておく
② 男子が好きな席を選ぶ。女子は外で待つ
③ 男女一斉に席を移動させる

実施の際にはいくつかポイントがある。

まず、配慮が必要な児童には、優先的に席を選ばせる。

視力が弱い児童、支援が必要な児童は、前の方にくるよう、優先的に席を選ばせる。

次に、同じ席に2人以上希望者がいる場合、早い者勝ちではなく、ジャンケンで決める。負けた場合、あいている席に移動することになる。このようなルールをあらかじめ伝えておけば、決まった後で文句が出ない。

五　自由に選ばせる

年に1度ぐらいは、自由に席を選ばせることもある。この時、次のことを必ず伝えておく。

1人でも納得できない児童がいれば、ご破算にする

ただし、これを行う時には注意が必要である。自由にしたために、傷つく子が出てくる可能性があるからである。

「『エーッ』とか、『おまえは向こうへ行けよ』など、1人でも口にした瞬間に、席替えの話はなかったことにします。イヤな表情をしても同じです」と、前もって話しておく必要がある。そして、もしそのようなことが少しでもあったら、本当に席替えは中止する。

教師の毅然とした姿勢を見せることが大切である。

〈参考文献〉『学級づくり・集団への対応QA事典』向山洋一著（明治図書）

（津下哲也）

低学年の教室風景

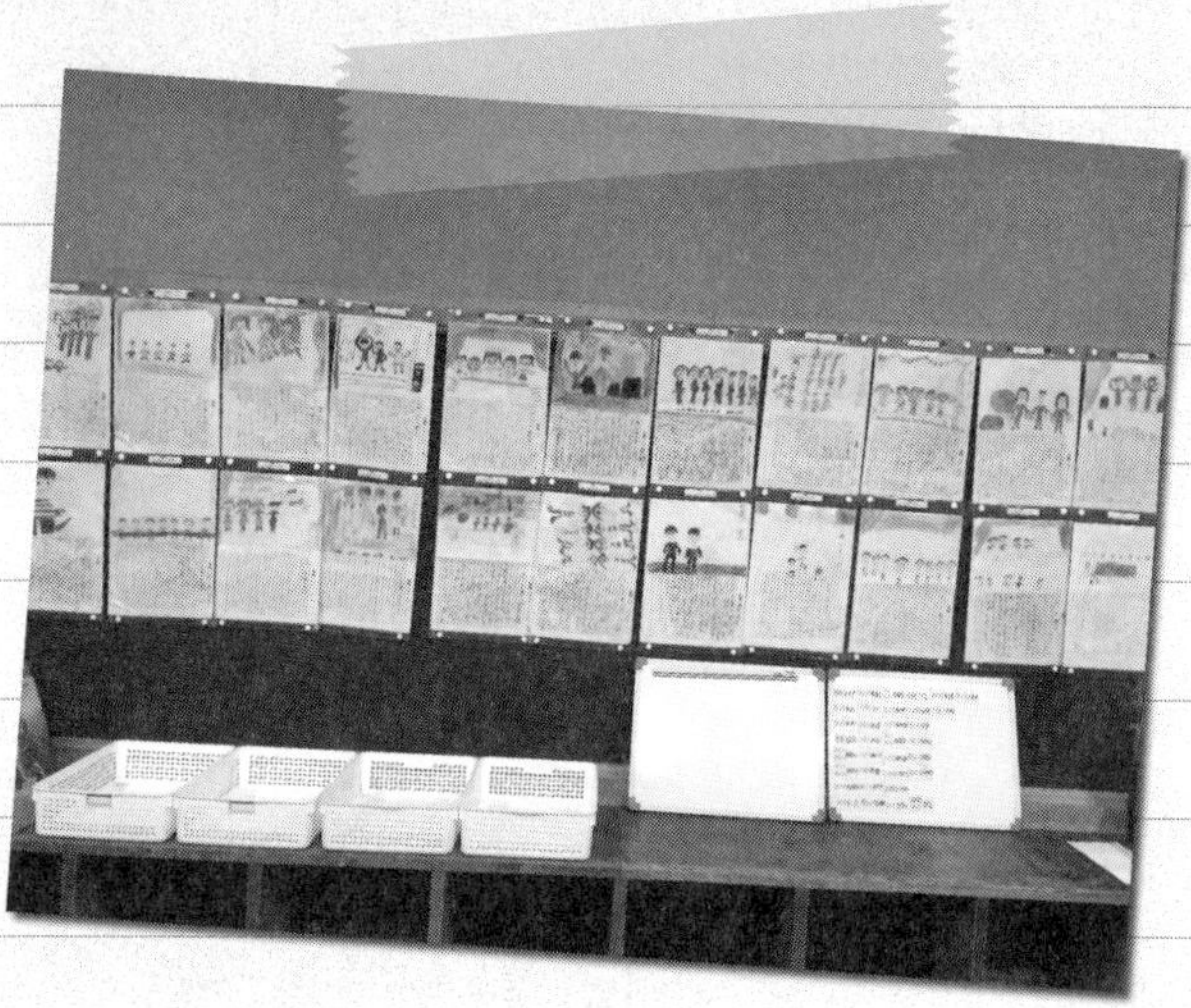

“黄金の1週間”でつくる
学級システム化小辞典

第2章

低学年の教室

〈サッとできる！　学級システムづくり〉

子どものやる気を生かす日直・当番活動

1　低学年での当番活動成功のポイント

一　具体的に、そして1人1役にする

クラスの人数分、当番を用意する。

40人いたら、40種類の仕事をつくる。

「忘れたら困るから……」

などと2人組にしたりすると、2人ともやらなくなるか、またはまじめな1人がいつもするようなクラスになる。

大切なことは、「1人1役」。

全員に責任を持たせることだ。

「自分がしなければだれもしない」

「自分がしなければみんなが困る」

という状況をつくることで、どの子にも責任を与える。

1人でするのだから、仕事は具体的になる。

「黒板係」では大変だが「1時間目の黒板を消す」などにすると、絶対にできるし、忘れていてもすぐ取り返せる。

仕事も分ければ、簡単になるのだ。

「いつ」「だれが」「何をする」かを明確にする。

二　目に見える掲示でチェックする

> どんな人間でも、気分の上、下はある。「やる気」のない時もある。そんな気分による「マイナス」を防ぐために人間は工夫をしてきた。
> それは「システム」を作り出すことである。
> 『新版　学級を組織する法則』向山洋一著（学芸みらい社）

チェックするシステムがなければ人は動かない。

だからといってくどくど毎日チェックすることはできないし、教師も子どももいやになる。

チェックを素早くするシステムが必要だ。

今日1日、仕事をしたかどうか子どもにも教師にも分かる形にする。

その一つは掲示を工夫することだ。

1　マグネットで当番名と子どもの名前をつくる。

2　スチール板や、マグネットボート（二つかまたは、半分に区切る）を用意する。

3　仕事をしたら、反対側に動かす。

4　帰るまでに必ずする。やっていない仕事は、日直が全部して帰る決まりにする。

（日直が「やってよ！」と声をかけてくれる。）

5　次の日は、反対側に動かす。

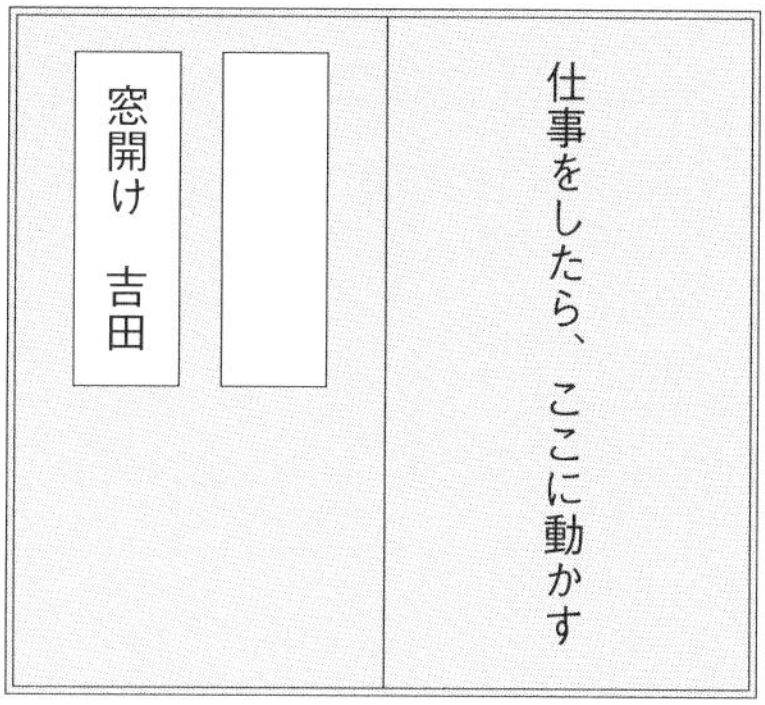

当番活動は、つくればできるのではなく、チェックするシステムがあって初めて、きちんと機能する。

三　できないときは、一緒にする

仕事をしないのは、することが分かっていないのだ。

特に低学年では、そういう子も多い。

こういう場合は、教師が一緒に仕事をし、「次からは1人でやるんだよ」と教えてあげればよい。

「いつもいつも何でできないの！」としかったところで、するようにはならない。

四　ほめてほめてほめ続ける

当たり前のようだが、これが難しい。

クラスでは、ほとんどの子どもたちは、きちんと仕事をしている。

そういう子どもたちをほめているだろうか。

できていない子ばかりに目を奪われ、注意ばかりしていないだろうか。

「当番はして当たり前」という気持ちではなく、

できたことに「驚き」「感心して」「ほめる」

ことが、当番活動を機能させるポイントである。

ほめようと意識しなければ、なかなかできることではない。

どんな些細な仕事でも、きちんとやっている子を見つけ、感心しようとする教師の心が大切だ。

「驚き」「感心して」「ほめる」ことが、教師の大切な仕事である。

（吉田真弓）

2　ちょっとした工夫でうまくいく健康観察の仕方

一　返事のさせ方の工夫

普通、健康観察といえば、〈教師「Aさん」子ども（はい、元気です）「Bさん」（はい、元気です）〉のようなパターンを連想するのではないだろうか？

1年中、このパターンを繰り返していると、次第にマンネリ化してくる。

そのような場合には、

返事のさせ方を工夫する

のも、ひとつの方法である。

①　元気な人は「イエーイ！」と言いなさい。
教師「青木君」　青木君（イエーイ！）

②　元気な人は「はい」の後に好きな食べ物を言いなさい。
教師「青木君」　青木君（はい。漬物です）

③　元気な人は「はい」の後に好きなスポーツを言いなさい。
教師「青木君」　青木君（はい、野球です）

④　名前を呼ばれたら、自分の体調を工夫して言いなさい。
（はい、絶好調です）（はい、眠いです）（はい、とても元気です！）

⑤　名前を呼ばれたら、昨夜、寝た時刻を言いなさい。
（はい、8時です）（はい、9時です）

⑥　名前を呼ばれたら、今朝、起きた時刻を言いなさい。
（はい、6時です）（はい、6時30分です）

⑦　名前を呼ばれたら、昨日、一緒に遊んだ友だちを言いなさい。
（はい、ななとくんです）（はい、みさきさんです）

このように、ただ「元気です」と返事をさせるだけではなく、教師の質問に答えさせるのである。

二　呼名の仕方の工夫

呼名の仕方は、教師が子どもの名前を呼び上げていくタイプが通例であろう。

それを敢えて変化させることもできる。

> 最初の1人だけを教師が呼び、後は子ども同士でリレーしていく。
> 教師「A君」、A君（はい、元気です。Bさん）、Bさん（はい、元気です。C君）、……

という仕方である。

リレーの順番をいろいろと変えることで、マンネリ化を防ぐことができる。

① 座席順

教師は端の列の一番前の子どもを呼名する。

その列の最後の子までいったら、最後の子は、隣の席の子の名前を呼ぶ。

また、「今日は横に進むよ」「今日は渦巻きね」のように、進行方向を様々に変化させると、さらにバリエーションが増えていく。

② 出席番号順

ただし、この仕方は自分の番号の前後の友達が分かっているときに有効である。

入学直後の1年生や、クラス替えの直後にするのは難しい。

③ 男女出席番号混合順

1番（男）→1番（女）→2番（男）→2番（女）…とリレーをする。呼名の方法を少し変化させるだけで、子ども達の集中力もアップする。

三 漢字フラッシュカード

1年生に好評だったのが「漢字フラッシュカード」を使った健康観察である。

あらかじめ、フラッシュカードにクラス全員の名前を漢字で書いておく。私はパソコンで打ち出したものを使用した。

健康観察の時に、このフラッシュカードをめくりながら名前を呼んでいくのである。

カードは、はじめは出席番号順で提示し、慣れてきた頃に、番号の逆から、あるいはカードを繰って…と変化させる。

この方法で毎日健康観察を繰り返すだけで、子ども達は漢字に興味を持つようになった。

そして、1年生でも、名前を漢字で書いた配布物を配ることができるようになったのである。

参観日の日の朝、偶然この健康観察の様子を参観した保護者から感想をもらった。

「名前の漢字にはそれぞれ、願いが込められていますものね。温かい雰囲気に胸が熱くなりました」

お勧めの方法である。

（赤木雅美）

3 時間がかからない 宿題・忘れ物チェックの方法

一 簡単な宿題提出チェックの方法

宿題を提出したかのチェックにはいくつかの方法が考えられる。

例えば、

① 宿題を提出したら、ネームプレートを移動したり、裏返したりする
② 宿題を提出したら、名簿に自分でチェックする

などである。

職員室にたくさんのノートを持ってきて、休み時間や放課後に宿題のチェックをしている人も見かける。

教師がすべてをチェックするのはとても大変である。

ポイントは、

教師がチェックしなくても、子ども達でチェックをしている

状態にすることである。

ここでは、ネームプレートを使った提出チェックの方法を紹介する。

写真のように提出した子が自分で提出の場所にネームプレートを移動するだけである。

これなら子ども達でも、提出したかどうかを確認できる。

子ども同士で、宿題を出すように声かけをする場面も見られるようになる。

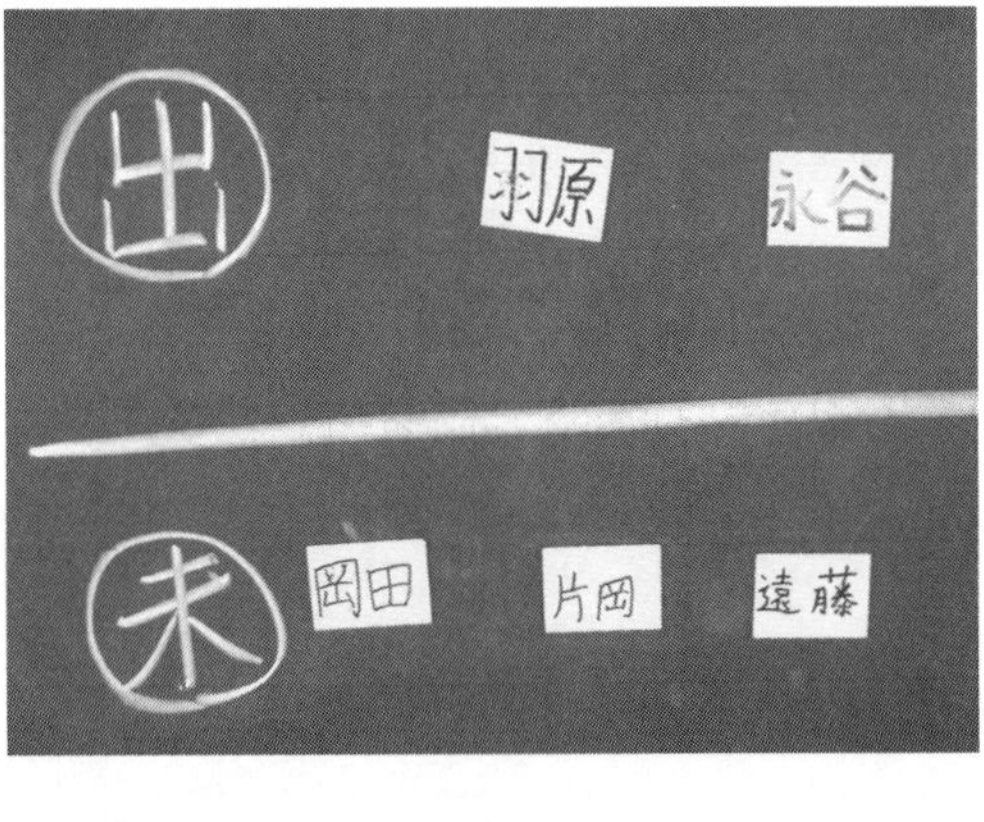

二 宿題の提出のさせ方

私のクラスでは、宿題は朝登校してきた子から教卓に提出することにしている。

ノートやプリントを素早く見て、丸をつけたり、スタンプを押したりして朝の会で返す。

プリントの答え合わせなども1時間目の始まりの時間に済ませることが多い。

その他にも、様々な方法が考えられる。

例えば、

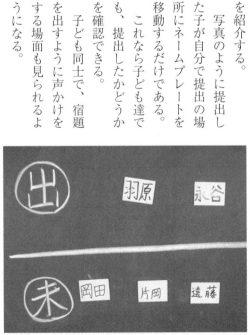

・宿題はグループごとに決められた位置に提出する
・宿題は教師の指示で提出する
・授業中に時間をとって宿題のチェックをする

などがある。

これらは、教師がやりやすいように修正すればよい。

その際、子ども達に徹底しておきたいことがある。


（答え合わせができるものは）自分で丸付けをしておくこと

である。

子どものプリントやノートの計算問題を一つずつ丸つけをしている人もいるが、とても大変そうである。

それを子どもが自分で丸をつけるようにすればいいのである。

子ども自身も、そうすることで、間違えたところをすぐに発見することができる。そして、その場で直すことができる。結局は、その方が子どもに学力がつくことになる。

三　宿題忘れ・忘れ物チェック

忘れ物の指導について、向山洋一氏は次のように述べている。

> 例えば、教科書を忘れたとして、
> 「今日、教科書を忘れた人、手を挙げなさい」
> 「立ってごらんなさい」
> 「今度のときは、ちゃんと持ってきましょうね」
> 〝うん〟とうなずきますね。「はい、座んなさい」
> 具体的に言うと、こんな程度です。後、何にも言いません。
> 『学級づくり―集団への対応ＱＡ事典』（明治図書）

職員室で宿題の山を見ながら、名簿にチェックを入れている人もいるが、その時になって宿題を忘れた子を発見しても適切な指導はできにくい。

宿題を忘れたり、持ち物を忘れたりした子は、「しまった、ちゃんとしなくちゃ」と思っている。

その場で、短時間でチェックして指導する方が子どものためにもなる。


（熊谷直樹）

4 朝の会、朝学習を成功させるポイント

一 朝の会は、できるだけ短い時間で

1時間目の始まりのチャイムがなっても、朝の会をしているクラスを見かける。

何度も歌を歌い直し、1時間目の授業は国語をやっているのか音楽をやっているのか分からない。

朝の会は時間内で終わらせるのが大原則である。

二 朝の会の内容

学年によって多少違うところもあるが、朝の会ですることは、大まかに言って次の三つである。

①あいさつ
②健康観察
③連絡事項

1日の始めと終わりのあいさつだけは、きちんとさせる。もし、体を動かしている子や、よそ見をしている子がいたら、できるまでやり直しをさせる。

あいさつは、きちんとさせる。次に、出欠をとる。

このとき気をつけておかなければならないことがある。欠席の連絡が届いていない子がいたら、すぐに保護者に連絡を取る。あとでしようと思っていると、つい忘れてしまうことがある。

連絡が遅れていたり、友達に預けた連絡帳が届いていない場合が多い。

しかし、もし何らかの事件や事故に巻き込まれていたりしたら取り返しのつかないことになってしまう。

1分1秒を争うからだ。

職員室が教室から離れている場合などは、携帯電話で連絡を取るという方法もある。

健康観察をするとき、1人ずつフルネームで呼ぶ場合には呼んだ子と目を合わせ、ほほえみかけたい。

「目は口ほどにものをいう」ということわざの通り、その子の様子が目にサインとして表れているからだ。

時間がない場合は、「体の具合が悪い人？」と言って子どもに聞く場合がある。

どちらにしても、子どもの健康状態について教師が把握しておくことはとても大事なことである。

その日の連絡事項を話す。だらだらと説明しても、子どもたちの中に入っていかない。

一番話したい内容を、目の前にその情景が浮かぶように、エピソードで話すようにする。提出物を集めたり、配布物を配ることも忘れてはならない。学校から出されるプリン

トには、必ず日付が入ってる。遅れないように配布しておかないと、保護者からの信頼を失うことになりかねない。

三 朝学習の内容

教師不在の場合は、何をすればよいのかはっきり分かるものがよい。おすすめなのが、次の教材である。

・『うつしまるくん』
・『あかねこひらがなスキル』
・『あかねこカタカナスキル』
・『あかねこ漢字スキル』

終わった子は読書をするなど、最後の行動まで示しておく。早く終わった子が遊びだし、騒がしくなってしまうからだ。

先生が教室にいる場合の一押し教材がある。

①『ソーシャルスキルかるた』

小学校生活で必要なソーシャルスキル（社会生活技能）を子どもたちが遊びながら自然に身につけられるかるたである。

百回のお説教を聞くより、ソーシャルスキルかるたで1回遊ぶことの方が子どもの行動を変える。

日常生活や集団生活など、子どもが社会生活を送るために必要なことが、学べる。

また、かるた遊びという日本の伝統的な遊びを通して、楽しく覚えることができる。

そして、札が5色20枚ずつに分かれているので、ゲームがスピーディに行える。

1セット1500円。

②『五色百人一首』

100枚の札を5色に色分けしているので、20枚の札（色ごと）で試合を行うことになる。

1試合にかかる時間も5分程度。朝学習にはちょうどよい長さといえる。

また、試合を通して、「ルールを守る」ことを学ばせたり、クラスの男女の仲がよくなったりする優れた教材である。

読み札・取り札とも1セット1000円。

どちらも、東京教育技術研究所（http://www.tiotoss.jp）から申し込むことができる。

（藤原能成）

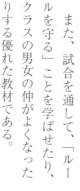

5 あいさつ・返事・後片づけを指導できる朝の会

あいさつ・返事・後片づけ

一 時間を守る

朝の会は、「あいさつ・健康観察・先生の話・配り物」にとどめている。

「朝の会が延びてしまって、1時間目がなかなか始まらない。」このような状態にだけはならないように、気をつけたい。

一番大事なのは、授業時間の確保である。

勤務校の教育課程では、朝の会の時間は5分間と決まっている。5分たったら、朝の会は切り上げてしまう。要は、その決められた時間で行える内容にすることが大切だ。

二 朝のあいさつをしっかり

まずは、朝のあいさつである。これは、1日の始まりである。きちんと行う。

起立した時の姿勢も正させる。ふざけている子も、周りの子に責められてそのうちにきちんとやりだすようになる（その代わり、授業開始前の形式的なあいさつは一切行わない）。

躾の基本である、これらを指導できるのが、朝の会なのである。

三 健康観察では子どもの状態を把握する

「〇〇さん。」「はい、元気です。」

1人ずつ名前を呼ぶ健康観察も、大事な躾のチャンスである。返事が小さい場合は、

〇〇さん。みんなに聞こえるように、もっと大きい声で言いなさい。

返事は、皆に聞こえるように言う。そのことを指導する絶好のチャンスである。

また、低学年では、自分の体調をうまく伝えられない場合もある。そんな時も、担任が1人1人の返事を注意深く聞いていれば、体調を推し量ることもできる。

風邪気味の声の時は、教師から、「風邪ひいてない？」と声をかけることもできる。

そして、健康観察の時に必ず、その子の顔を見るように

している。チェックしながら1人1人の顔を見て、顔色をチェックする。このことが、1人1人と目線を合わせる練習にもなっている。

4月頃は多少時間がかかるが、慣れてくると2分くらいで行える。特に、水泳学習の時期は健康チェックを念入りに行いたい。

四 健康観察中にうるさくなったら

クラスの人数が多いと、健康観察中にしゃべりだしてしまう子が出てくる。朝の会は休み時間ではない。指導の時間である。

子ども達には、次のように説明する。

> 健康観察の時間は、休み時間ではありません。大事なお勉強の時間です。二つ大事なことがあります。
> 一つ目は、自分の身体の調子を振り返ることです。今日の自分の身体の調子は、どうかなって、自分で振り返ってみるんだよ。
> 二つ目は、お友達の身体の調子を知ることなのです。お友達が、今日身体の調子が悪かったら、一緒に遊べないこともあります。気をつけてあげないといけないこともあります。それを知るのが、健康観察の時間なのです。最後のお友達まで、しっかり聞いてあげましょうね。

慣れてきたら、次のように言うこともある。

> 今日、元気な人は何人いるでしょう？
> 数えてみましょう。

必死に数えながら子ども達は発表を聞いている。

五 配り物は迅速に

特に説明がいらない配り物については、とにかく早く行う。効果的な一言がある。

一番最後にもらう人よりも早く連絡袋にしまいなさい。

一番最後の人を意識して、負けじとしまうようになるのでお勧めだ。

早く連絡袋にしまおうと急いでいる子を取り上げて、全体に聞こえるように「○○君は早いなあ！」とほめることで、ますます早くなる。

配り物が早く終わり、子ども達も満足し、一石二鳥である。

（今浦敏江）

6 これだけはダメ 朝の会に陥りやすい失敗例

1時間目が始まっているにもかかわらず、だらだらと朝の会をしている教室がある。

これでは、1時間目の授業にしわ寄せが来てしまう。

だらだらと長く時間をかけて行わない。

向山洋一氏は、朝の会について、次のように述べている。

> 長すぎるのは苦痛だと思いますね。五分を越えたら長いです。
>
> 法則化小事典シリーズ
>
> 『学級づくりⅠ集団への対応QA事典』（明治図書）

朝の会がのびてしまう原因を考えてみる。

一 メニューが多い

以前私が行っていた、朝の会のメニューである。

> 一 あさのあいさつ
> 二 あさのうた
> 三 けんこうかんさつ
> 四 1ぷんかんスピーチ（質問タイム）
> 五 せんせいのはなし

朝の会は時間内に終わらず、いつも1時間目に食い込んでいた。

メニューを見てみると、必ず行わなければならないものと、やらなくても支障がないものがあることに気がついた。やらなくてもよいものは「朝の歌」「1分間スピーチ」の二つである。

そこで、「朝の歌」「1分間スピーチ」は時間に余裕があるときだけにすることにした。これで、朝の会が時間通りに終わることができるようになったのである。

学校によっては、学年で朝の会のメニューを統一している場合もあるだろう。そのような場合、簡単にすむような工夫をすることも必要である。次に紹介する。

二 朝の歌

朝の歌を最後まで歌うとかなり時間をとられてしまう。

また、月曜日など何となく歌う気持ちになれない日には暗い歌声になってしまい、教室の雰囲気まで悪くなることがある。

そこで、朝の歌を一生懸命歌っている子どもの肩をちょこっとたたいていく。たたかれた子は、教室の前に出て歌うようにするのだ。

こうすれば、自分も前に出て歌いたいと一生懸命歌おうとする子が次々と出てくる。1番を歌い終える頃には、教室中に元気のよい声が響くようになる。

そして、「とっても上手に歌えたので合格です」と言って1番までで終わるようにする。

歌は帰りの会に行うという方法もある。

「元気よく歌えたら、さようならをするよ」と言っておくと、早く帰ろうと張り切って歌うようになる。

三　1分間スピーチ

低学年の子にとって、1分間も話をするのは難しい。何を話してよいのか分からないのである。

私の経験では、「昨日テレビを見ました。」「昨日犬の散歩に行きました。」といった内容のことがほとんどであった。

そこで、スピーチの内容を教師が決めてやることにする。「私の宝物」「こんなお手伝いをしたよ」など子ども達が話しやすい題材を選ぶようにする。

また、スピーチのアウトラインを子ども達に示しておくのもよい。あらかじめノートにスピーチの原稿を書いておくようにさせると、自信を持って発表できるようになる。

子ども達の中には、前日練習をしてくる子がいる。そういった子を取り上げしっかりほめるようにする。

スピーチが終わった後には、「質問タイム」を設ける。放っておくと、同じような質問が繰り返され、緊張感がなくなってくる。質問できる人数を、「2人まで」「3人まで」と決めておくようにするとよい。

四　連絡事項は端的に

「先生の話」では、その日の連絡を行う。

最も大切なことを、エピソードを交えながら話すようにすることが大切である。

説明・説教になると子ども達はすぐにそっぽを向いてしまうからだ。

それでも、長々と話す必要はない。長くても、1分〜1分30秒程度もあれば十分である。その中で、大切な話をするから、子どもたちも話を聞こうとするようになる。


（梶田俊彦）

自分たちでできる給食当番の進め方

7　低学年の指導のポイント・解説

「1年生は給食準備を子どもだけでできない。」と言われるが、本当にそうだろうか。

1年生でも、教師が思っている以上に、子どもたちだけでできるものである。低学年の子どもたちは、張り切って一生懸命取り組もうとする。特に、1年生は初めての給食をとても楽しみにしている。やる気満々で頑張るだろう。

しかし、ポイントをきっちり教師が押さえておかなければ、1年間ずっと給食時間は騒乱状態のままになる。

低学年の給食指導で一番大切なポイントは、

全体と個々のバランス感覚

である。それぞれのポイントについて、紹介する。

一　まずは全体

約束事は全体に出す。

給食には、細かいルールがたくさんある。

当番の仕事をはじめ、おかわりの仕方、減らし方、残し方など、高学年に比べ、より細かなルールをつくっておく必要がある。

低学年は、一番いいと思われる方法を教師が示せばよい。その方が混乱がない。

大切なことは、「ルールは必ず全体に示さなければならない」ということである。途中でルールを追加する場合も、必ず全員に示す。すぐに全員が理解できなくてもよい。

大切なのは、全体の場で示すということだ。

また、ルールを決めるときには、

全体の動きをイメージしておく

ことが大切である。

「準備をはじめましょう。」と教師が言った瞬間から、給食時間が終わるまでの、子どもたちの動きをシミュレーションしておかなければならない。

当番の子はまず何をするだろう。

当番でない子は、何をして待っているだろう。

初めての給食で、分からないことだらけの子どもたちである。どんなことで困りそうなのか、しっかり予想しておくことが大切だ。全体の大きな流れを見通しておけば、どんなルールが必要か考えやすい。そして、

ルールが一日でわかるように示す

ことも大切だ。1度言ったからといってすぐにできるわけはない。昨日やった仕事でも次の日には忘れてしまう。

「先生、私、何をするの。」「先生、ボク何するの?」という声に、1人ひとり対応していたら切りがない。

かといって「自分で考えなさい。」「昨日言ったでしょ!」と怒鳴っても解決する訳ではない。

だからこそ、一目で分かる掲示を工夫するのだ。

特に当番表は1年間ずっと使うものだ。教師が見て、だれができていないのか、遅れているのか、すぐにチェックできるような当番表にしなければならない。

二　同時に個々への対応

先ほどと矛盾するようだが、低学年では、個々への対応も重要なポイントである。教師は常に、

個々に対応する余裕をもっておく

ことを心懸けておきたい。

低学年の子は、自分のことで精一杯である。

分からないことがあると、すぐに教師に聞きに来る。

どんなに細かく計画していても、予想外の勘違いや行動をする場合もある。

それに対応できるように、いつも心と時間に余裕がもてるようにしておく。そのためには、次の心構えをもつようにするといい。

徹底するが、完璧をめざさない。

これは、非常に大切なポイントである。

絶対譲れない部分は徹底する。しかし、元気いっぱいの子どもたちに、全てビシッとさせようとすると無理がある。

細かい部分では「見逃す」ということもあっていいだろう。

三　何よりも楽しく

そして、もっとも大切なのは、

食べることは楽しいという雰囲気をつくる

ことだ。給食との初めての出会い、何よりも楽しい時間であってほしいと思う。

（吉田真弓）

8　絶対にこれだけは……「給食のやくそく」

4月、1年生にとって初めての給食がスタートする。

4月当初は準備や後片付けを6年生がお世話してくれる。「食べること」だけに集中して、じっくりと時間をかけて指導にあたることができる唯一の期間でもある。

最初に教えておきたい「給食中のやくそく」について整理してみる。

一　不安を取り除く

「給食」と聞いただけで拒否反応を示す子がいる。主に好き嫌いの多い子だ。ひどい場合は、「全部食べなくては」というプレッシャーから登校をしぶる場合もある。

1年生の場合、まずは「給食はおいしいな・楽しいな」と思えることからスタートする。

「先生は、決して無理やり食べさせたりしないこと」を最初に約束する。それだけで安心できる子もいるのだ。

「給食＝楽しい」

これがあってこそ、次の指導へと繋がっていく。決して無理をさせてはいけない。

二　量を調整する

量が多すぎる場合は、自分で調整してよいことを教える。

「ちょっと多いな。食べられないな……」と思った時には、箸をつける前に量を減らすのだ。こうすれば、「おかわり用」に回すこともできる。

ただし1年生には、自分で調整するのは、かなり難しい。できれば担任が早めに子どもたちの傾向をつかみ、量を調整してあげるのが一番よい。

「全部食べられた！」

という満足感をどの子にも体感させたい。

三　残してもよい

「嫌いなものが出てきた時は、1口は必ず食べて、残してもよい」これも大切な約束事だ。

ここで大切なのは、自分で判断させること。いちいち
「先生、残していいですか？」

と聞きに来られても対応しきれない。

「先生、ぼく、ネギが苦手です。少し食べたけど、あとは残します。」

これくらいの報告でよいのだ。

四　量を増やしていく

食べ物の好き嫌いの指導は、1口食べさせ、その1口の量が少しずつ少しずつ増えていくように指導していく。

「少しずつ、気長に」増やしていくのだ。

4月当初は「1口」だったのが、5月には「2口」になり、1学期末には「3口」、2学期には「半分」と増えていく。

一気に食べさせたりせず、こうやって少しずつ増やしていけばよい。

五　時間内に食べ終わる

給食は「終了時刻」が決まっている。

終了時刻がくれば、たとえまだ残っていても「ごちそうさま」をして片付けさせる。時間内に食べ終わるためには、遊ばずに集中して食べなければならないことを教える。

「全部食べるまで待つ」

そんなことはしない。

「時間内に終了、定時に後片付け」

これが鉄則だ。

六　食べながら片付ける

メニューにもよるが、給食時間はゴミがたくさん出る。

最後にまとめて捨てるのもよいが、それでは混雑してしまう。それに、ナイロン製のゴミは、ゴミ箱まで辿り着く前に、どこかに落としてしまうケースも珍しくない。

そこで、食事中に「ゴミ入れ」を回すことにしている。

ストローやスプーンのケース、麺類の袋などを随時回収していくのだ。

この時、「麺類の袋」や「ヨーグルトの蓋」のようにかさのあるゴミは、「小さくたたんで」捨てることも押さえておく。麺類の袋は1回結んで入れるくらいでちょうどよい。

カップ類は「重ねて入れる」ことも教えておきたい。

七　牛乳パックは開いて回収

ゴミの中でも特にかさばるのが牛乳パックだ。牛乳パックは開いて回収するのが手っ取り早い。

最初は難しく、四苦八苦していたが、1週間も経てば自分でできるようになった。

こうすれば、リサイクルにも活用できる。

最初に「約束事」をしっかりと押さえておくことで、1年間の給食指導を楽に乗り切ることができる。

（赤木雅美）

9 おすすめ！ 一目で分かる給食当番表

一 当番表は、シンプルに

白いエプロン・ぼうし・マスク……

給食当番は1年生にとって、憧れの仕事である。

給食を楽しみに、登校している子もいるほどだ。

しかし、1年生にとっては、当番の仕事は未知の世界である。まず、「食器」とはどんなものか？ 「おぼん」とは何か？ がよく分からない子もいる。

だから、教室を出発する前に、誰が何の係なのかを、確認しておくとよい。当番表にイラストを書いておくと、すぐに確認することができる。

また、教師がいなくても、自分達で係の変更ができる当番表であることが望ましい。慣れてくると、自分達で当番を交代（カードを横移動）させることもできる。

子ども達が扱いやすいように、以下のようなシンプルな給食当番表を使用している。

（名前はすべて仮名）

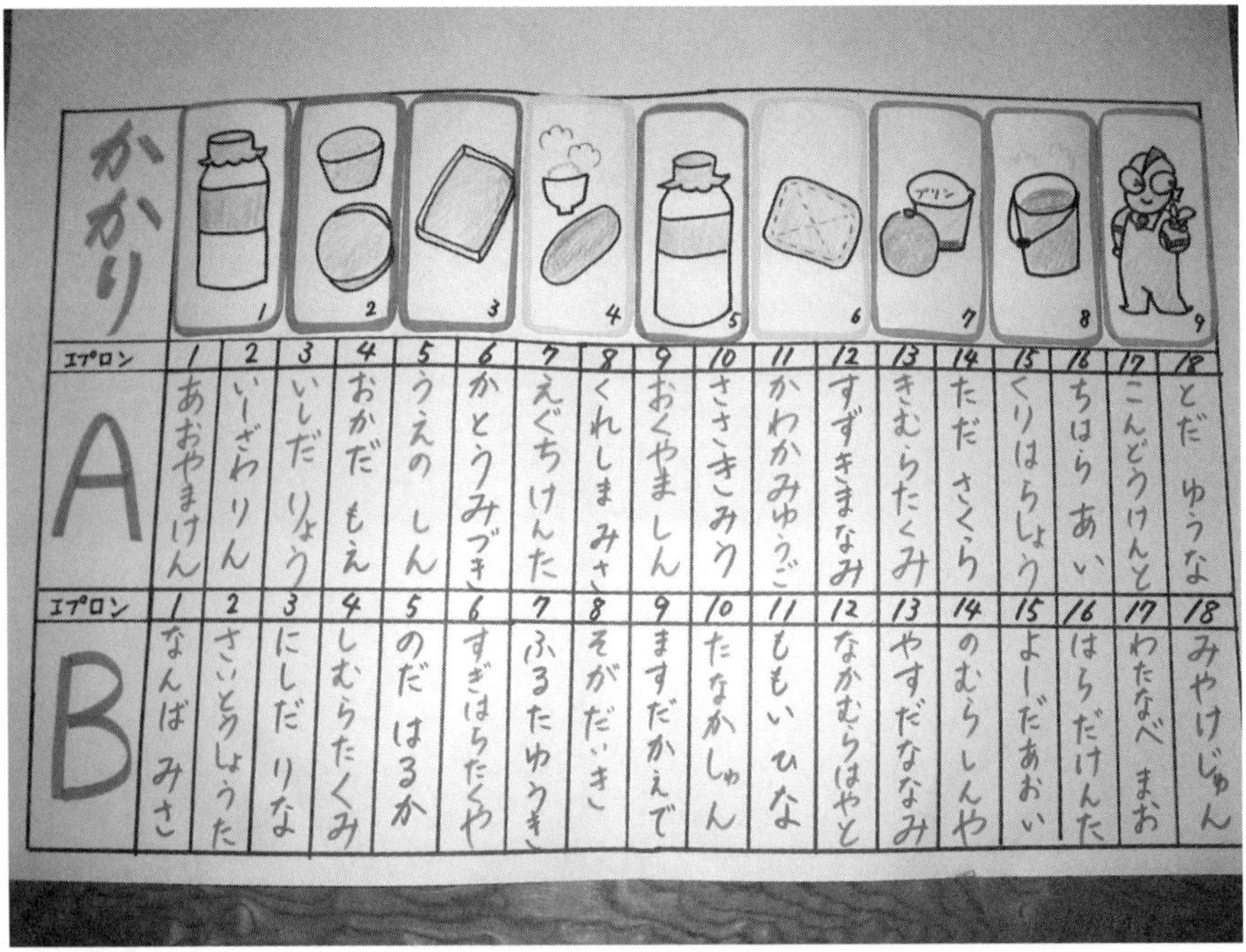

カードの絵をいくつか紹介する。
これは、副食の係。

雑巾の絵は、給食の台拭きの係である。

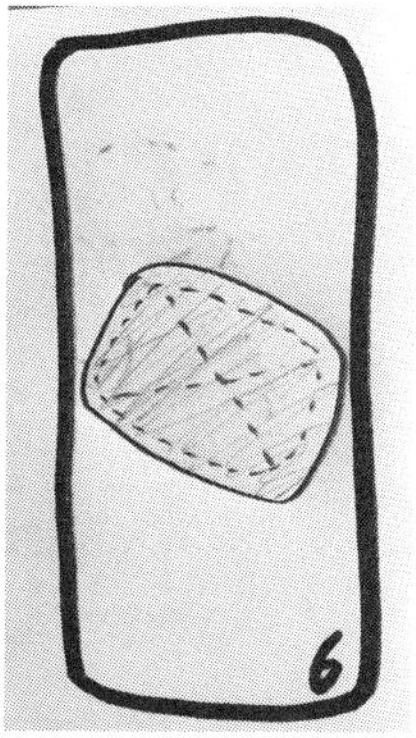

この係は何でしょう。

これは、「お助け係」である。メニューによっては、副食等を運ぶ人数が足りないことがある。そういったときにお手伝いをする係である。

特に運ぶ物がない日は、雑巾を持って給食当番の列の一番後を歩く。給食室から教室へもどる途中におかずなどがこぼれることがあるので、それらをきれいに拭く仕事だ。人数に余裕があれば設けたい係である。

二　当番表に、あとひと工夫……

台紙には、マグネットシート、係カードの裏にもマグネットを貼っておく。係の子どもが付け替えできるようにしておくとよい。

そして、下の写真のように、係カードに番号を打っておくとよい。

番号があると、バラバラになってどの順番か分からなくなっても、すぐに並べ直すことができる。4月の早い段階で、1年間混乱のないシステムをつくっておきたい。

（今浦敏江）

10 服の着替えさせ方・準備の仕方はこうする

一 だれがどのエプロンを着るのか、はっきり示す

低学年の子どもたちが意外に戸惑うのは、「どのエプロンを着るか」ということである。

自分で分かったつもりになっていても「いざ準備」となると大混乱になることがある。

週が変わり、「持ってくるものが変わるとエプロンも変わる」と勘違いする子も多い。

持ってくるものが変わっても、エプロンは1年間同じ番号のものを使わせるようにする。

次のようにすると、低学年にも分かりやすい。

エプロンかけにエプロン番号と名前を書いたシールを貼っておく

エプロンかけに番号シールを貼っている人も多いだろう。

それに加えて、使う人の名前シールも貼っておくとよい。

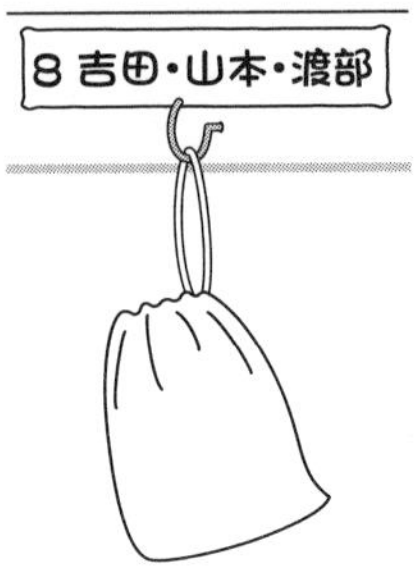

給食当番が3グループ。一つのエプロンを3人が使う場合、「吉田・山本・渡部」と貼っておくことになる。

金曜日に持って帰らせるときも、月曜日に持ってこさせたときも、だれが忘れているか、教師にも子どもにもはっきり分かる。ちょっとした裏技である。

二 エプロンは、並ぶ位置で着る

友だちとおしゃべりをしながら着る子、自分が遅れていることに気がついていない子、動作がゆっくりの子。

低学年は、エプロンを取ってから着るまでにとても時間がかかる。

自分の机の所で着替えると、ついついおしゃべりをしたり気が散ったりする。

次のようにすると、早く着替えさせることができる。

並ぶ位置で着替える

こうすると、当番が次々に並んでくるので、遅れている子は急ぐようになる。

エプロン袋は、エプロンのポケットに入れておくといい。

そうすれば、なくなることはない。

低学年では、袋をどこに置いたか、忘れてしまう子が多

いからである。

その時、並ぶ場所も工夫する。

たとえば、

> エプロンかけのそばに並ぶ

という方法もある。

スペースが許せば、その方がスムーズである。

他のことに気が散らないように、エプロンに着替えることだけに集中できるようにする必要がある。

三　授業後1分以内で教室を出る

授業が終わってから、教室を出発するまでの時間は短ければ、短い方がよい。

適当な時間で秒読みを開始する。

> 十秒前。十、九、八、七……

きちんと並んでいなくてもよい。

歩きながらでも並ぶことはできる。

> 遅い子は待たずに行く、だいたい固まって行く

待っていると、遅い子はいつまでたっても準備が早くならない。置いて行かれるから、急ぐようになる。

また、服装が整った状態まで待つことはない。

> エプロンのボタンをはめたり、マスクをしたり帽子をかぶったりなどは、歩きながらさせる。

低学年であっても、ある程度の緊張感は必要だ。

また、何回か行っているとできるようになる。

四　机の向きを変える等は、当番以外の子がする

当番以外の子は、待っている間に給食当番の机の向きを変えたり、机を拭いたりなどの準備をする。

「自分は自分。他人の事は知らない。」という考えの子も、協力することを学ぶ。


（吉田真弓）

〈参考HP〉「給食エプロンの管理はこれだ！」西岡美香氏
TOSSランド№2220081

11 無理のない配膳の仕方

一　だれが配膳するか

給食当番がすべて配膳をする。

自分の給食をセルフサービスで取りに来させる方法もあるが、低学年の場合、当番が配膳する方が断然早い。セルフサービスにすると、低学年では次のような困った問題が起きやすい。

①　長い列ができ、騒がしくなる。
②　並んでいる間にもめ事が起きる。
③　多い少ないの文句が出る。
④　当番の分を配り忘れる。
⑤　一つの部分で詰まると、全体の流れが止まる。

当番以外の子どもは、席で静かに本を読ませておく。

教室の中で動き回るのは、少ない人数の方がよい。

配膳中にぶつかって、牛乳ビンを落として割ってしまうと、それだけで手間が倍になってしまう。

二　持ってきたらすぐ配る

おぼんが来たらすぐに机に配る。

その後、スプーンや箸、デザート。

配れるものからどんどん配っていく。


おぼんの上にすべてのせた状態（完成形）では配らない。

おかずなどは、盛りつけに時間がかかる。

ひとり分を完成させようとすると、他の役割の子がじっと待つことになる。時間のムダである。

そのために、

おぼん、食器を一番に持ってこさせる。


先におかずなどを持ってきても、食器やおぼんがきていないから待っている、ということになるといけない。

おぼん・食器・牛乳の当番を当番の列の最初に配置しておけばよい。

この方法で大切な点は、

配る順番を決め、徹底する。

「必ず1号車の一番前の△△さんから配っていく。

最後は4号車の一番後の○○さん」

というように、きちんと決めておく。

適当に配らせると、足りないものがあっても分からない。

何も言わないと、近いところから配ってしまう。

「自分のを一番に……」とか「これは多いから僕のに……」などと考える子もいるだろう。

教室の4号車を見ただけで、「おかず、あと三つ！」などと見通しも立つ。

低学年の場合、全員がすぐにはできるようにはならない。しかし、気の利いた子が「ここをとばしてるよ」などと前の子のまちがいを直してくれるようになる。

三　なにをどういう順番で配ってもよい

だれがなにを配ってもよい。


子どもたちは，自分の持ってきたものを配ろうとする傾向にある。

基本的にはそれでよいが、デザートなど数が多く、手が足りない場合もある。

そういう場合は、できていない部分を見つけて、どんどん仕事をしなさいと言っておく。

手が空いたら、配膳台の上にできているおかずを配る。

慣れたら、自分たちで仕事を探して動けるようになる。

そういう子を見つけて、おおげさにほめる。

四　配膳が終わったら、すぐに「いただきます」

配膳が終わったら、20数える。


給食当番がゆっくりとエプロンを脱ぐのを防ぐ。

数え終わったら、給食当番が着替え中でも「いただきます」をする。

低学年は食べるのに時間がかかる。だから、準備も配膳もなるべく早くするよう工夫する。

配り終わっても、油断をさせず、すぐ食べさせるようにするコツである。

〈参考ＨＰ〉「給食の用意を10分以内でおこなう方法」望月　健氏
ＴＯＳＳランド№２２１０１２４

（吉田真弓）

12 低学年のおかわり指導

4月、給食が始まってすぐ、次のように話す。

「○○君だけ給食が多くて、△△君のが少ないのはよくないね。だから、みんなの給食の量を同じにするんだよ。でもね、人によって食べられる量は違う。だから自分の食べられる量に変えていくんだよ。」

これから始まる給食の原則ともいうべきことを、はじめに示しておくことは大切だ。

やんちゃな子が、「先生もっともっと」とわがままを言うことを牽制する。

一 はじめは少なく盛る

1年生は驚くほど食べる量が少ない。

ご飯で言えば，大人の三口程度でお腹がいっぱいになってしまう子さえいる。

はじめは、ちょっと少なすぎるかなと思うくらいに盛って、ちょうどいい。

二 食べきれない分を減らす

「いただきます。」の後、次のように言う。

「量が多くて食べられそうにないなあという人、いらっしゃい。」

それでも、なかなか来られない子がいる。さらに加えて言う。

「人によって食べられる量はちがうよね。体の調子が悪い時にはたくさん食べられない。大人だってそういう時はあるよ。食べられそうにない人はいらっしゃい。」

このように言うと、だれもが安心して給食を減らすことができる。

しかし、減らすのをすべて子どもに任せてしまうと、嫌いなものを全部食缶にもどす子が出てくる。

「嫌いなものも一口は食べようね。」
「嫌いだなぁって思っても、もしかしたらおいしいかもしれないよ。」

と、やさしく声をかけ、教師が減らす量を調節する。

三　おかわりをするものを決める

「お汁はいっぱいあるから、ほしい人はみんなもらえるからね。ゼリーは1個なので、ほしくてももらえない人もいるかもしれません。牛乳は2本ありますよ。」


おかわりの権利は1人1回。

これは、しっかり確認しておかなければならない。


「どれをおかわりしたいか決めてね。どれでも好きなものを1回だけおかわりできるよ。」

「欲しくない人はしなくてもいいからね。」


1年生の中には、必ずおかわりをしなければいけないと思ってしまう子もいる。

だから、したくない人はしなくていいことを、ここで言っておく。

四　希望者が多いものはじゃんけんをする

希望者がたくさんいる時には、おかわりを受け付ける順番が大切になってくる。

一番はじめは汁物から始める。

ここでは、欲しいという子全員にいきわたるように、教師がついでいく。

デザートなどの人気の高いものは、じゃんけんをする。

おかわりの順を逆にすると、人気の高いもので負けた子が、汁物などのおかわりに紛れ込みやすい。


「みんながほしいっていうものは、じゃんけんで決めるよ。でも、そこで負けちゃったら、もう他のものはおかわりできないからね。」


ここで、子どもだけでじゃんけんをさせてはいけない。必ず喧嘩になる。「後出しをした。」「ちゃんとやってなかった。」と文句が出る。

必ず、判断は教師がしなくてはならない。

教師の前でさせたり、教師がかけ声をかけてさせたりというような工夫が必要である。


〈参考文献〉『教室がシーンとなる〝とっておきの話〟100選』低学年編　師尾喜代子

（小野敦子）

13 なかなか食べられない子への指導

一 給食が不安な子もたくさんいる

低学年、特に1年生は給食を楽しみにしている子が多い。しかし、その一方で、給食が全部食べられるか不安を抱いている子もたくさんいることを忘れてはいけない。すべてが初めての経験だ。不安な気持ちに寄り添うよう な、給食とのよい出会いをさせたい。

基本的に無理強いはしてはいけない。

その一方で、「好き嫌いなく、なんでもよく食べさせたい」とも思う。食べ物を簡単に残すような子どもにもしたくない。

給食でしか出ないようなメニューもある。「食わず嫌い」の場合も多い。そういう場合、ちょっと頑張れば、食べられるようになるかもしれない。

精神的に負担をかけず、ほんの少しの努力ができるように、工夫して食べさせていきたいものである。

二 食べさせかた・ちょっとした声かけ

減らす人は食べる前に減らしなさい。(おかず・ごはん)

「いただきます」をしてすぐ、苦手なものや量の多いものを減らすようにさせる。

低学年には、食の細い子もいる。そういう子は、給食を全部食べられた日には、急いで家に帰って

「今日は全部食べられたよ」

と報告するそうである。(たとえ減らしていても)

量が少なくても、「全部食べられた」という達成感を味わわせたい。

しかし、量を減らしても残ってしまうことがある。

「それなら最初にもっと減らしておきなさい!」

とついつい言いたくなるのだが、これは、絶対に言ってはいけない。

低学年の子どもにとって、自分の食べられる量を判断することは大変むずかしいことなのだ。判断できるようになるには、時間がかかる。

また、子どもは大人が思うより「なるべく食べなくちゃいけない」と、健気に思っていることが多い。教師が子どもにあわせて調整してやればよいのだ。

また、好き嫌いが激しく、いつも給食を残す子どもがいる。そんな子どもたちがいても、しつこく追求せずにっこりと笑顔で終わってあげよう。

例えば、次のように言う。

一口だけ食べてごらん。（チーズなど１人１つのもの）

また、このようにも言うこともある。

プラスチックのコップを持ってきなさい。（牛乳）

毎日出る牛乳。苦手な子は多い。

牛乳びんのまま残すと、返却するときに、残った牛乳が目立ってしまう。

そこで、あらかじめ「飲めるなあ」と自分が思う量だけコップに注ぐようにする。自分にあった量を調節して飲めるだけでなく、残った牛乳を飲める子にあげることができる。

三　アレルギーのある子への対応

学年最初の給食の日に、全員に説明しておく。

アレルギーのある子は、給食を残すことを非常に気にしている。「まわりの友だちから、いろいろと言われるのではないか」と不安を抱いている。

アレルギーのある子がクラスにいる場合には、学年始めの給食の日に、次のような話をしておけばよい。

みんなの中には、食べ物を食べると身体の調子が悪くなったりする人がいます。これをアレルギーと言います。例えば卵を食べたら、体がかゆくなったり、息をするのが苦しくなったりすることもあります。

アレルギーをもっている友だちは、みんなにとってはおいしいものでも、食べられないことがあるのです。

だから、アレルギーがある人は、遠慮せずに先生に教えてください。そして、みんなに知ってもらいましょう。

これで、アレルギーのある子も安心して給食を残すことができるようになる。

〈参考ＨＰ〉「牛乳が飲めない子へはこんな配慮を…！」

三瓶まゆみ氏　ＴＯＳＳランドNo.２３２０２０５

（吉田真弓）

14 食べかす・ゴミが残らない片づけの方法

給食後の、教室の様子を見回してみる。

牛乳のふたや食べかすが落ちていることはないだろうか。

食べかすなどが落ちていれば気持ちがよくない。

低学年でも、ていねいに後片づけができるようになるポイントを紹介する。

一 返却に立ち会う

食べかすが落ちやすいのは、食器を片づける時である。

特に、入学したての時期は、教師がそばに立って見守っておくとよい。

1年生にとっては、食べかすを食缶に戻すだけでも一苦労なのだ。

子ども1人でできなければ、教師が手助けをする。

1学期間は、教師が毎日見るくらいで丁度いい。

後は様子を見て、だんだんと子どもたちだけでできるように、少しずつ手を離していく。

二 ゴミ袋を回して先手必勝！

給食時間中に、ゴミ袋を班ごとに回すようにする。

食事中に捨てられるものは、先に捨ててしまうのだ。

食器を返却するときに、おぼんの上にゴミを置いて給食台まで持ってこさせると、その間にゴミが落ちてしまう。

その前に、集めてしまうのである。

また、隣の席の子に見られていることで、1人1人が確実にゴミを捨てるようになる。

三 牛乳パックの扱い方のコツ

牛乳パックから出るゴミは、「牛乳のパック」、「ストロー」、「ストローを入れる袋」の三つである。

この中で一番散らかりやすいのはストローを入れる袋である。軽くて小さいため、風がふくと、すぐにふわふわと飛んでいく。そこで、次の指導を4月からしておくと良い。


ストロー袋をはがさないように、ストローだけ出してごらんなさい。


最初は教師がやって見せる。

ストロー袋をパックからはがさないようにすると、ひらひらとゴミになることはない。コツはストローのとがっているほうが先に出るように、その反対側から、押し出すことである。

上手にできている子をしっかりほめてやることで、だんだん上手になってくる。

また、食事中は牛乳パックの持ち方も大切だ。

パックの真ん中を押さえると、牛乳が押し出されて、ストローから出てしまう。次のように言いながら飛び出しを防ぐ持ち方を指導する。


パックを持つ時は、角を持ちます。

片づけでパックをつぶす時は、飲み切ってストローを外してから行うと良い。牛乳の飛び出しを防ぐことができる。

四　アルミホイルは丸めて

アルミホイルに包まれて出てくるグラタン・巣ごもり卵・魚のムニエル……などは子どもたちの大好物である。

しかし、そのアルミホイルが厄介だ。

開いたままにしておくと、食べかすが落ちやすく、見た目にも汚い。

そこで、このように指示をする。


食べ終わった人は、できるだけ小さく丸めます。どのくらい小さくなるかな。


この一言で、子どもたちは、俄然やる気になる。

このときに、教師が見本を見せてやるとよい。

「先生よりも、小さくするぞ！」と言って、燃える子もいる。食べかす落としが減り、ゴミのかさも減って一石二鳥である。

五　どうしてもの時は「片づけタイム」

いろいろやっても、どうしてもきれいにならない時がある。机の周りに、食べかすやゴミが散乱していることもある。そんな時は、思い切って、「片づけタイム」を、ごちそうさまの前に設ければいい。

「これじゃあ、お勉強できないよね……。」

と、子どもたちに投げかける。

> 教室をきれいにします。
> 今から食べかすやゴミを拾います。
> 時間は1分間。
> ようい、はじめ！

これで、気持ちよく次の活動に移ることができる。

入学直後から、これらのことを根気強く、繰り返し指導していきたい。


（今浦敏江）

15　低学年の給食指導　陥りやすい失敗

低学年の給食指導で押さえたいポイントは、次の二つである。

> 流れをシステム化する。
> 1人1役で、何をやるのかを明確にする。

つまり、毎日、決まった活動が繰り返されることになる。流れがきちんとできてさえいれば、1年間、困ることはないのである。

では、具体的にはどんな「システム」が必要なのか。ここでは失敗例をもとに考えていくことにする。

失敗例一　弱肉強食の給食当番

いつも決まった子が重い食器を運ばされている。強い子が楽をし、弱い子が損をする。弱肉強食の世界である。

これは「仕事の内容を割り振る」ことで解消できる。「1人1役」で「誰が何をすればよいのか」をはっきりさせておくのだ。準備・配膳・後片付けに至るまで割り振っておけばよい。

一覧表を掲示しておくのが簡単である。

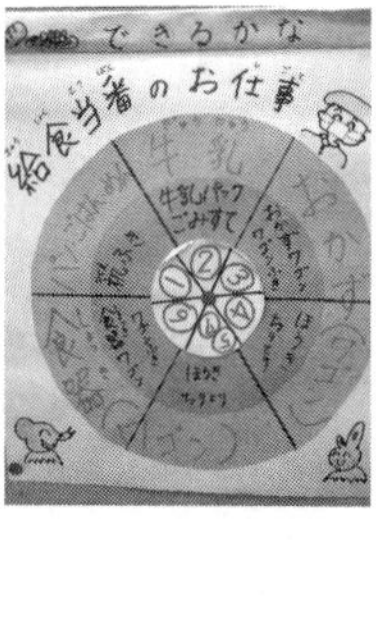

失敗例二　給食当番の給食がない

仕事を終えて席に戻った給食当番の子が「先生、ぼくの給食がありません。」と言って来ることがある。

給食当番や教師用の給食を「どのタイミング」で「誰が」準備するか。

これもきちんと決めておいた方がよい。

1年生の場合、「なかよしペア」が分かりやすい。あらかじめ、ふたり組をつくっておき、「ペア」の子が当番の時は、互いに準備してあげるのだ。

失敗例三　食器が割れる

「ごちそうさま」をした後の後片付け。長蛇の列ができる。

少しでも早く片付けて遊びに行きたいのが1年生である。お盆をおいた場所のバランスが悪く、あちらでガッチャーン。手が滑ってこちらでガッチャーン。

この悪循環を何とか解消できないかと考えた。

「同じ種類の食器」をあらかじめ重ねてから返却するのである。

低学年の場合、3人分〜4人分でちょうどよい。

これでずいぶん食器返却の時間が短縮できるようになった。

失敗例四　時間が過ぎても食べさせる

給食時間終了と共に後片付けに入る。ところが、決まって2〜3人、食べるのが遅い子がいる。

この2〜3人のために給食が片付かない。昼休みの大部分を給食指導に費やしていた苦い経験もある。

「時間内に食べる」ことを約束事とすればよい。

時間内に食べられなかった場合は、たとえデザートが残っていても片付けさせる。

特別な事情がない限り、全員揃っての「ごちそうさま」となる。

こうすることで、給食当番の休み時間も保証できる。

失敗例五　そうじの仕方が分からない

1人1役で「机拭き」の係になった子がいた。

一生懸命拭こうとしているのだが、ふと見れば雑巾はびしょびしょである。机の上の食べかすを、床に落としながら拭いている。

やる気はあるのだが、やり方が分からないケースだ。

「雑巾は両手で持ってねじるように絞る」こと。「脇をしめて絞ると力がはいりやすい」こと。「ゴミを雑巾に包み取るようにして拭く」こと。

ひとつひとつ手本を見せながら教えていくと、次第にできるようになった。

他にもほうきの使い方、ゴミの集め方、ワゴンの拭き方など、教えておきたいことはたくさんある。

1年生の場合、給食時間以外の時間を利用して教える機会を設けるのがよいであろう。

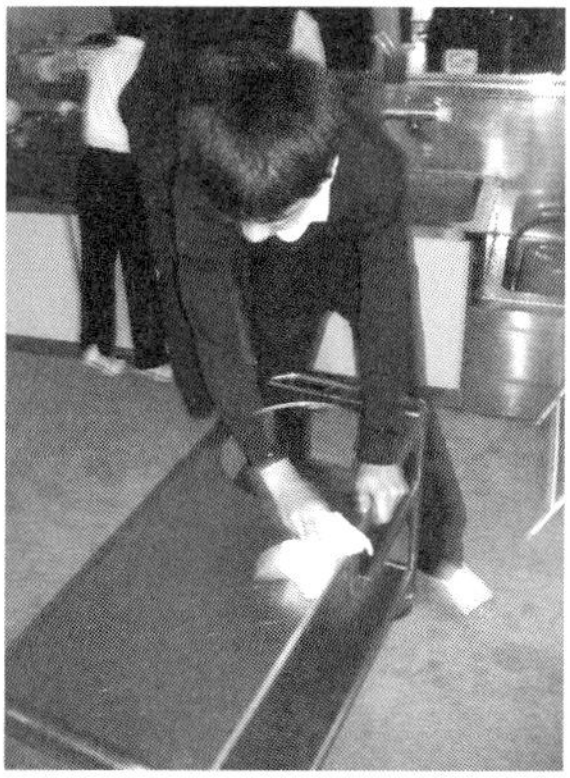

（赤木雅美）

子どもたちだけでもできる掃除システムのつくり方

16 低学年の掃除指導のシステムづくりのポイント

1年生は、掃除分担が少ない。教室と教室前の廊下に40人近くの子がひしめき合っている。

ほうきやぞうきんを持ってすぐに遊び始める子が出てくる。掃除のシステムをきちんとつくっておくことが必要である。

一 分担をはっきりさせる

掃除当番を決めるときには、次のことに気をつける。

だれが、どこで、何をするのか細かく決める

例えば、教室の床をほうきで掃く仕事を、A君、B君、Cさん、Dさんの4人が担当するとする。しかし、これだけだと、掃除をがんばる子とさぼる子が出てくる。

そこで、さらに分担を細かくするのである。

教室を4等分して、「一番右側を掃くのは、A君。隣がB君……」というように1人1人決めていく。

責任がはっきりするので、怠けているとすぐにばれる。掃除をしなければならなくなるのである。

1年生の子には、どの範囲を掃いていいのか分かりにくい。

下の図のように、教室の床にビニルテープをはり、区切っておくと、自分の担当場所がはっきりする。

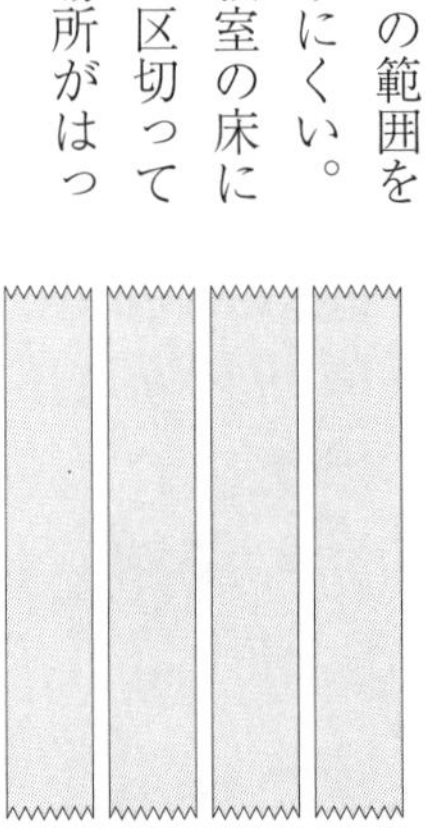

→ビニルテープ

二 1人ずつ掃除道具を割り振る

ほうきやぞうきんの取り合いが元でけんかになるようなことがしょっちゅう起きる。

誰が、どの道具を使うか1人1人決める

ほうきの柄の部分にビニルテープを貼り、使う人の名前を書いておく。ぞうきんにも、名前を書いておき、ぞうきんを掛ける洗濯ばさみにも名前を書いておく。

トラブルが減るだけではなく、誰が片づけができていないのか、一目見て分かる。

三　自分の分担だけする

「自分の掃除分担が終わったら、友達のところも手伝ってあげよう」と指導したことがある。

1年生の子どもたちは、自分の掃除場所でさえ掃除の仕方がよく分かっていない状態である。手伝いに行っても、やり方が分からず結局遊び始めることになってしまった。

掃除は、自分の分担だけする

「教室の床をきれいにしなさい」と言っても、低学年の子どもたちは、どのような状態になるのがきれいになったのか分からない。自分では、きれいになったと思い、「掃除が終わった」と遊び始める子がいる。

掃除の最後は、先生がチェックするようにする。

掃除が終わったら先生のところに報告に来させる。子どもと一緒に、教室の隅などの目が届かないような所がきれいになっているかを見る。きれいになっていない所をもう1度きれいにさせる。

何回かするうちに、きれいになった状態が子どもたちにも分かってくる。

合格すれば、残りの時間は何をしてもよいことにすれば、子どもたちは、早く合格しようと一生懸命になる。

四　掃除場所の交代期間

低学年の子どもは、掃除の仕方を覚えるのに時間がかかる。交代期間が短いと、やっと掃除の仕方を覚えたころに次の掃除場所へということになりかねない。

交代期間は、短くしない

目安として、1ヶ月程度はあけるようにする。

五　一緒に掃除をする

掃除の様子を見ているだけでは、遊んでいる子ばかりに目が向き、つい注意をしてしまう。

そんな時におすすめなのが、

先生も一緒に掃除をする

子どもたちと一緒に掃除をしていると、不思議とがんばっている子の姿に目が向くようになる。

授業ではあまり目立たない子が隅々まで丁寧に床を拭いている姿などに気づくのだ。

がんばっている子をしっかりほめるようにする。学級通信で紹介したり、連絡帳に書いて知らせたりするのもよい。

（藤原能成）

17 1年生初めての掃除指導を成功させる秘訣

一 掃除道具の使い方を教える

1年生、4月、最初に、掃除道具の使い方を教える。ほうきの持ち方・使い方・バケツの持ち方・雑巾の絞り方、雑巾のたたみ方、ちりとりの使い方等である。

いきなり掃除をさせるのではなく、掃除道具の使い方をきちんと教えておくことが重要だ。

以前、いきなり、掃除をやらせて、大失敗した苦い経験がある。ほうきや雑巾を使ったことのない子どもが結構いたのだ。

一つ一つの用具について、使い方を示し、やってみせ、やらせてみる。学級活動の時間を当てるのがよいだろう。

二 掃除の手順（システム）を教える

次に教えるのが「掃除の手順（システム）」である。

これは学校によって、ある程度の定型があるだろう。

例えば、教室掃除であれば、次のようになる。

① 給食後、班ごとに自分たちの机とイスを教室後方に寄せる。

② ほうきの人が前から後ろに向かって掃く。

③ 床雑巾の人は、バケツに水を汲んでくる。雑巾を絞って、床を拭く。

④ 机運びの人は、ロッカーや棚の中を整理して回り、ほうきの人たちが教室の半分まで来たら、机運びをする。

このように、大まかな掃除の流れを示しておくのだ。一度に多くの場所を説明するのは難しい。

だが、1年生の場合、掃除の割り当て場所は、せいぜい、「教室・廊下・テラス」程度である。

全員に「掃除の手順（システム）」を教えること、これも欠かせない指導である。

三 誰が何をやるのかを明確にする

掃除道具の使い方と掃除の手順の指導が終わったら、いよいよ掃除本番である。

その前に、今度は「誰が何をやるのか」をシステム化しておいた方がよいだろう。「〇班教室掃除」だけでは、ほうきや雑巾の取り合いになってしまう。

弱肉強食の文化がはびこってしまうこともある。

システム化にはいろいろな方法がある。

要は、ひと目見て、「誰が何をやるのか」が、分かればそれでよい。

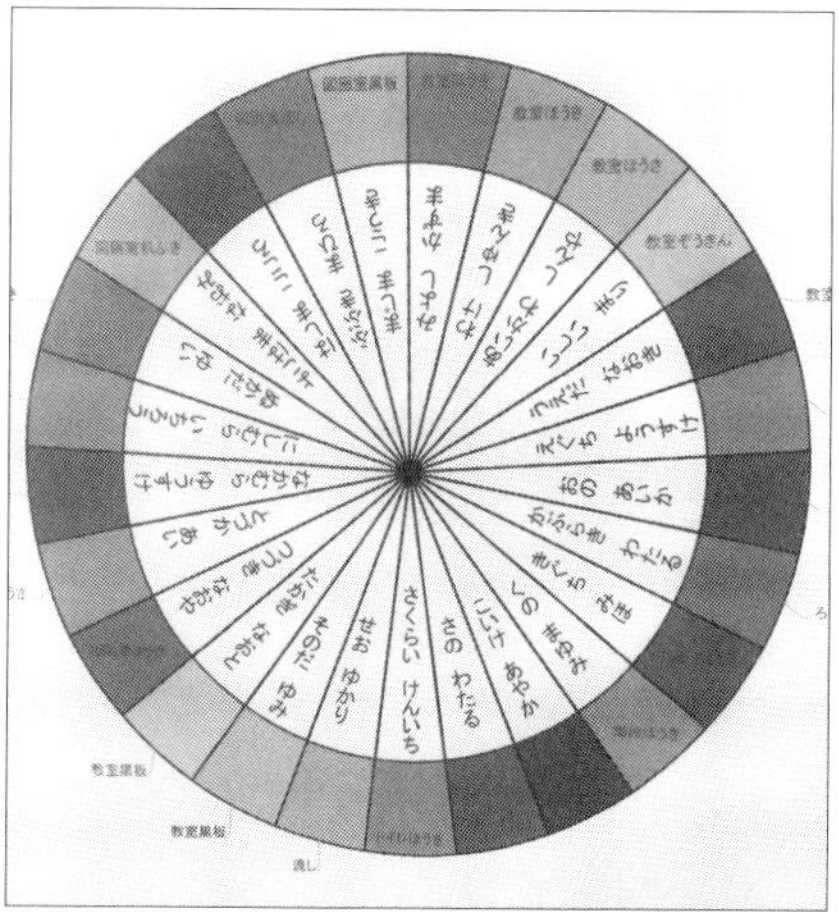

【掃除分担表の例】

四　繰り返す事で定着をはかる

1週間や2週間で、うまくはならない。

入学間もない1年生には、1ヶ月、同じ担当で掃除をさせる。

さすがに1ヶ月も同じ仕事を続けていると、「自分の担当」のエキスパートになれる。

黒板掃除の人は、黒板の掃除のシステムがしっかりと頭に入り、動きも定着してくるのだ。

こうなってきたら、後はやりやすい。

その子を「先生」にしてしまうのだ。

1ヵ月後、分担を変更した時に次のように言う。

> 黒板掃除のAさん、
> 何か分からない事があったら、B君に聞きなさい。
> B君は黒板掃除のプロだからね。

このようにして、教師が教えなくても、子ども同士で教えあえるシステムをつくっていくのである。

各掃除場所での手順は、次第に波及していく。

（赤木雅美）

18 掃除指導きほんのき「正しい道具の使い方」

一 ぞうきんをしぼれない子どもたち

「ぞうきんをしぼれない子ども」が、年々多くなってきている。

家でぞうきんを使うこともなくなっているのだ。ましてやほうきなど、家で使う子どもが何人いるだろう。子どもたちは、「使い方は知らない」と思って、指導しなくてはならない。

1年生だけでなく、どの学年でも4月には道具の正しい使い方を、きちんと教えておくと、掃除の能率が驚くほどアップする。

その前に、教師自身が、正しい道具の使い方を知っているだろうか。間違いないと自信をもって言える人は、案外少ない。

子どもに掃除をさせるのに、教師が使い方を知らないではしょうがない。まずは教師が正しい道具の使い方を知ることが、掃除指導のスタートだろう。

二 ほうきの使い方

ほうきは使い分ける

室内で使うほうきは、主に2種類ある。「自在ほうき」と「土間ほうき」である。

	場所	ゴミ
自在ほうき 	教室・廊下 床タイル 階段	綿ぼこり 毛髪 等
土間ほうき 	外回り コンクリート アスファルト	落ち葉 紙くず 等

それぞれの使い方は異なる。

① 「自在ほうき」の使い方

教室掃除で使うことが多くなってきたほうきだ。このほうきの使い方のポイントは次の通りだ。

○ 毛先を床から離さない
○ 軽くおさえるように掃く

このほうきは、ほこりをたてないように、掃き進める「おさえ掃き」用の道具である。
ほうきをむやみに動かさず、静かに掃くことが大切だ。
簡単そうだが、柄の長いこのほうきをあやつるのは、結構難しい。

・左手を柄の端に乗せて握る。
・30〜40cm程度下を右手で握る。
・30cm程度前を、前方に向かって掃き進める。

② 土間ほうきの使い方

土間ほうきは大きなゴミを掃く道具だ。
ポイントは、

○ 毛先を浮かすようにする
○ 柄の中間を親指を下に向けて握る

何も言わなければ、子どもたちは、両手で持ったり、柄の上の方を持ったりする。
あくまでも手元のゴミを、ちりとりに向かって掃きとる「さらえ掃き」の道具である。

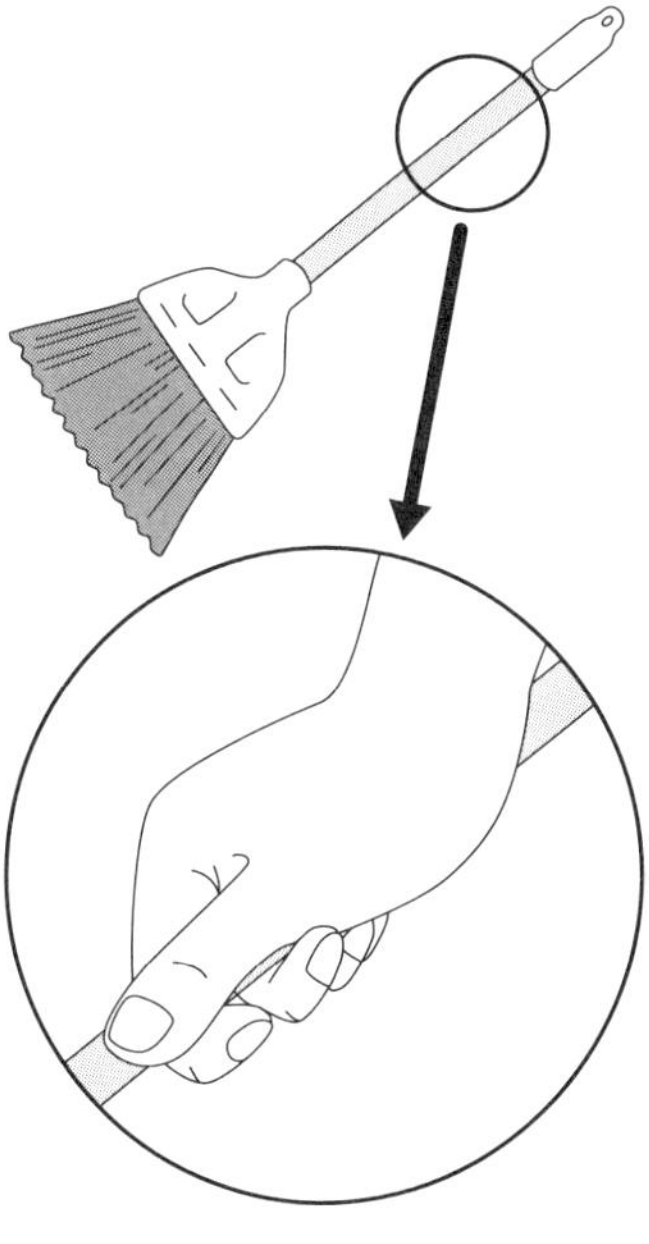

三　ぞうきんの使い方

①　しぼり方

ぞうきんの使い方は、なんといっても、「しぼり方」である。

何も指導しなければ、グーをするように握ってしぼる子どもも多くなった。

力のない1年生でも、きちんとしぼれるしぼり方がある。

ぞうきんは「たてしぼり」

しっかりしぼるには、両手のてのひらをたてにあわせ、その上にぞうきんをたてに置く。

その形で握ったら、

前に押し出すように

ぎゅーっと、水がおちないように

ひねる。

常に片方の親指に、もう一方の小指が接している。小指同士、親指同士が接している横しぼりでは、中央だけねじれて力も入り、よくしぼれない。

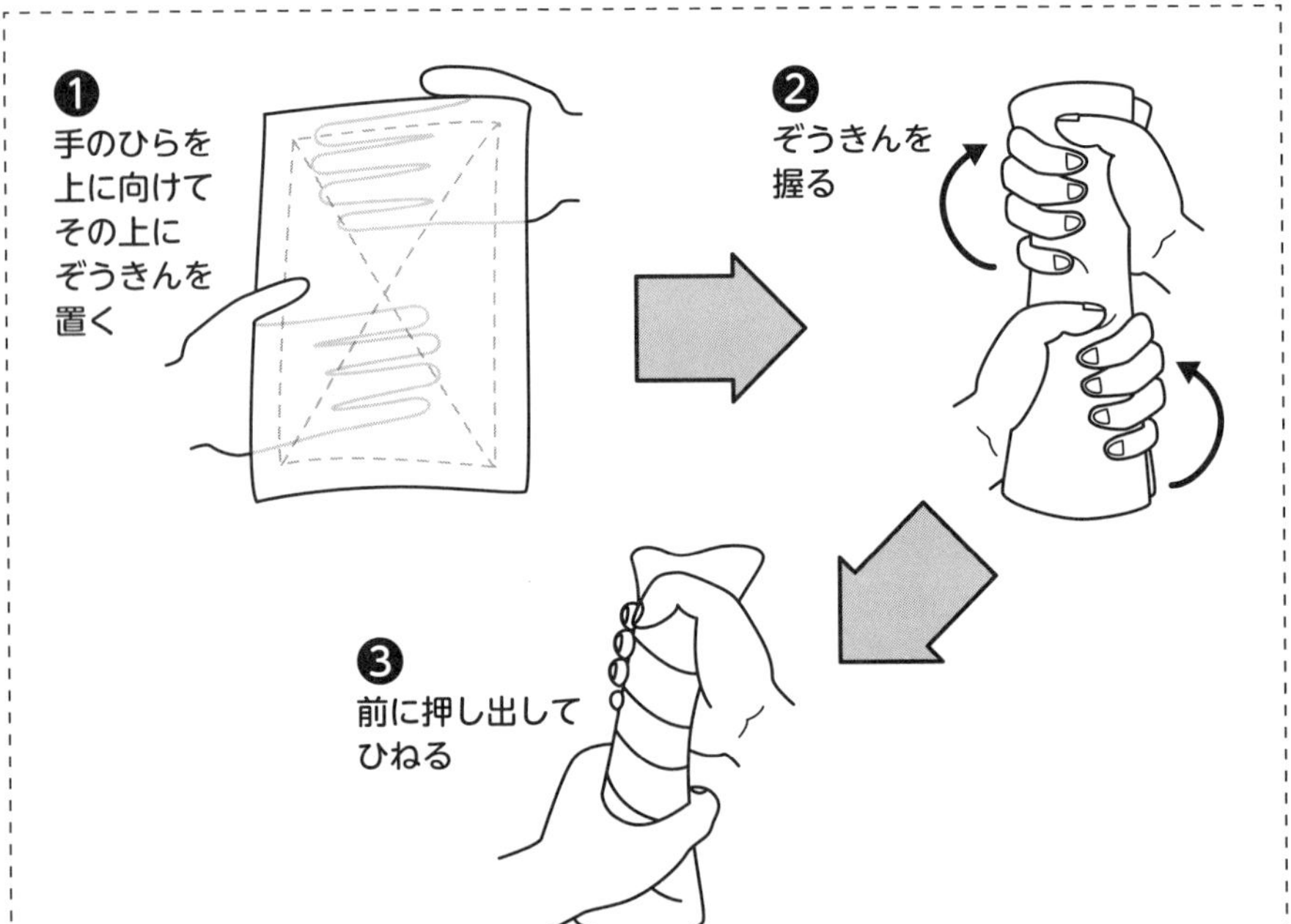
❶
手のひらを
上に向けて
その上に
ぞうきんを
置く
❷
ぞうきんを
握る
❸
前に押し出して
ひねる

② たたみ方&拭き方

広げたままで拭くと力も入りにくい。

> 床拭きは、二つ折り
> 机拭きは、四つ折り

たたんだ方が、力が均等に入り、使いやすい。
1年生などは、「小さいぞうきん」でもよいだろう。

> 普通のタオルを半分に切り、それを一つ折りで縫う

しぼりやすく、拭く時に力が入りやすい。
また乾きやすいというよい点がある。
拭き方は、

> 一度拭いたら、違う面を使う

> 四角いものは四角く拭く

端から端まできちんと拭くことを伝えるのも大切だ。

四　その他

① バケツの水は、半分に

小さなことであるが、教えなくてはいっぱいにいれるものだ。半分なら1年生でも運びやすく、こぼしにくい。

② 道具の片付け方も教える

> ほうきは、毛を上に向けて置く

下向きに置くと、毛先が広がってしまう。
広がってしまったほうきをたくさん見る。

> ぞうきんは、「おって、すー、とん」

ぞうきん掛けにきれいに掛ける合い言葉である。
「おって」……ぞうきんを二つ折りにする。
「すー」………ぞうきん掛けに、ぞうきんの中央までゆっくり下げていく。
「とん」………手を離す。
片付けまでが掃除である。

（吉田真弓）

19 1年生 教室掃除のやり方

1年生の子どもたちの中には、ほうきでゴミを掃いたことも、ぞうきんを絞ったこともない子がいる。掃除のやり方も知らない子がいる。

そんな1年生の子には、掃除道具の使い方を一つ一つ教えるところから始めていく。

一 机の運び方

1年生の子にとって教科書やノートの詰まった机は大変重たい。運ぶときには必ず2人組で運ばせるようにする。

机の横には何も掛けさせないようにしておくことも必要である。

次にどこまで机を運ばせるかである。

よく見られる方法は、まず教室の後ろまで机を運ぶ。ゴミが掃けたら教室の前に机を運ぶ。最後に決まった位置に戻す。机が教室を往復している。

少しでも机を運ぶ距離を少なくするために、次のようにする。

机を後ろに運ぶときは、下の図のように、後ろから1～2メートルほど手前まで運ぶ。

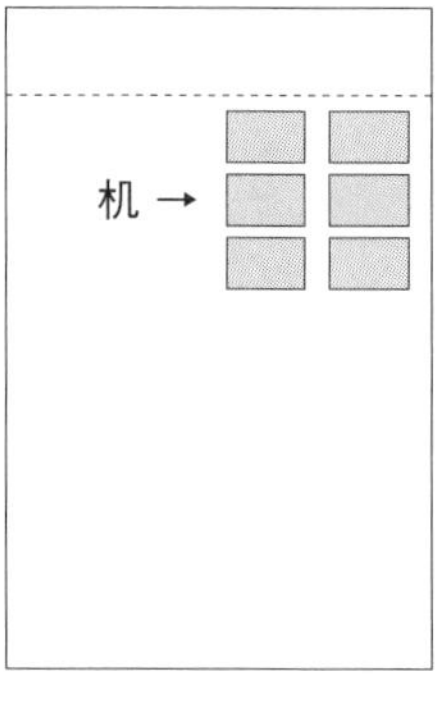

こうした方が、床も十分掃くことができる。

二 ゴミの掃き方

床を掃く人は、A君、B君、Cさん、Dさんの4人というように掃除当番を決めていると、一生懸命に掃除をする子と、そうでない子が出てくる。

そこで、「1号車はA君。2号車はB君。」というように範囲を1人ずつ細かく決めておく。教室の床にビニルテープを貼っておけば、どこを自分が掃くのかが一目で分かる。

範囲が決まったら、ほうきの使い方を教える。

ほうきは、体を横切るように使わせる。言って聞かせるだけではなかなかできるようにはならない。1人ずつ、やってみさせて、うまくできている子をほめていく。

どうしてもできない子には、手をもって一緒に掃いてやるようにする。

子どもたちは、ほうきを持つとA図のように、教室の前から後ろへとゴミと同じ方向に進んでいく。これだと、掃き残しが出てしまう。

図A

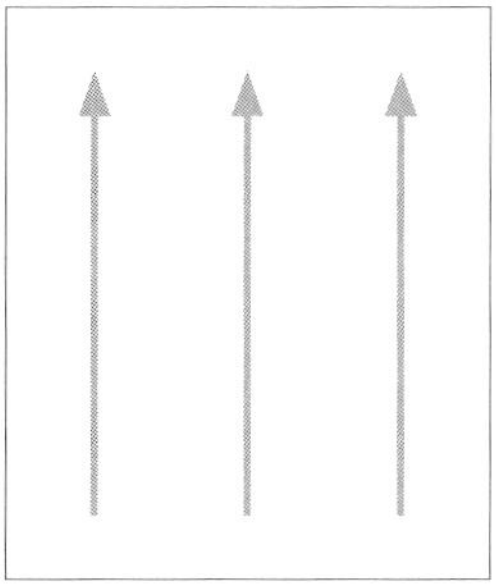

図B

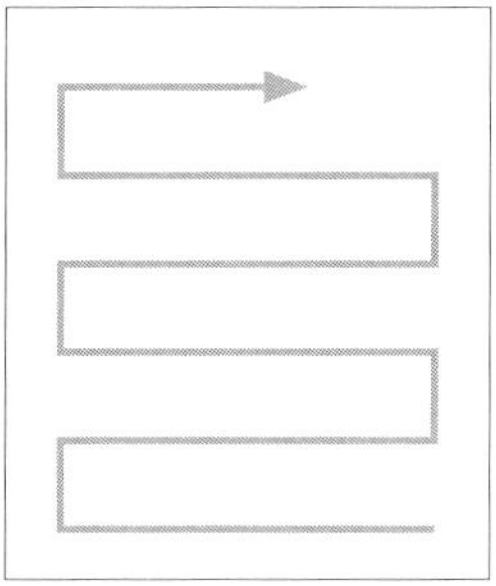

Ｂ図のように、教室を横切るように掃くようにさせる。指導するときには、かるがもの親子のように、先生のあとをついて掃かせるようにするとよい。

三　床の拭き方

から拭きを何往復しても、なかなかきれいになりにくい。おすすめなのが、次のような当番をつくることである。

消しゴム隊

床に落ちた鉛筆の芯が転がって床を汚していることがよくある。消しゴムを持たせて鉛筆あとを消させる。

給食の食べこぼしなども床によく落ちている。放っておくとカビが生えたように汚くなってしまう。

こちょこちょ隊

ぞうきんの角を少しだけ水で濡らさせて、食べこぼしだけをこちょこちょと拭かせる。

「消しゴム隊」も「こちょこちょ隊」も、やることを限定することで、から拭きの時に見落としていた小さな汚れに気づくことができるのである。

四　ぞうきんの使い方

1年生の子どもたちにぞうきんを使わせると決まって水浸しにしてしまう。

ぞうきんがうまく絞れないためである。中には、ボールのように丸めて握っているような子もいる。

そこで、ぞうきんの絞り方を1人ずつ教えていくようにする。

ほうきの時と同じように、お手本を示したあと、実際に子どもたちにやってみさせて、できている子をしっかりほめるようにする。

バケツの下を拭くのも忘れずに教えておく。

（藤原能成）

20 ちょっとした工夫でぴかぴかになる掃除の仕方（窓）

掃除時間を使ってベランダ係の子どもに、時々窓拭きをさせている。

毎日行うのは大変だが、必要な時に行うだけでも大変きれいになる。以下、窓掃除のちょっとした工夫を紹介する。

一 新聞紙が大活躍！

窓掃除に大活躍するのが「新聞紙」である。

新聞紙のインクの油が汚れ防止の役割を果たしてくれる。しかもお金がかからず、再利用できる。まさに優れものである。

使い方は、まず、新聞紙を濡らして固く絞り、窓を水拭きする。その後、乾いた新聞紙で、から拭きをする。

新聞紙の大きさは、ちぎって丸めて手のひらに収まる程度がいい。用途に応じて、気軽にちぎることができ、便利だ。

水はバケツに用意しておき、実際に教師が「窓の拭き方」を、やって見せるとよい。

掃除は「上から下へ」が基本である。隅から隅まで、きれいに磨く教師の姿を見せることが大事だ。汚れがひどい場合は、もう一度「上から下へ」と磨く。

> 表面が乾かないうちに、乾いた新聞紙で拭きます。
> 反対側も同じように拭きます。

窓ガラスは、大抵、外に面するほうが汚れている。だから先に外側から始めるとよい。内側をする時に、きれいになったことが分かりやすい。

合格の基準としては、次のように言うと子どもがイメージしやすい。

> まるで窓ガラスがないかのようになるまで、磨きましょう。

室内から見て、窓ガラスがない！ と思えるようなきれいな窓に見えれば、合格である。

掃除が終わった後は、新聞紙を丸めて捨てればよい。後片付けも簡単である。

もちろん、掃除指導の際には、安全に関して十分な注意が必要だ。子どもにもできる高さの場所のみにとどめておき、手の届かない高い窓や、危険な窓は避けておく。

二　範囲を指定して、個別評定を

拭くときは、窓拭きの「範囲」を限定する。１人分で窓ガラス１枚、など、決めておくと範囲が分かりやすい。「〇〇さん、きれいになったね！　今のところは一番！」ある１人の子を褒めると、他の子も、負けずにがんばろうとする。「先生、僕はどう?」などと、競って聞いてくることもある。

個別評定をする際は、明確に「評定」を言うことで、子どもはぐんぐん伸びていく。

まるで、窓ガラスがない！　と思えるぐらいきれいな状態になったら合格です。A君、今、50点。Bさん、80点。あと20点で合格です！

途中経過で個別評定をしてやると、あとどれぐらいがんばれば良いかが、子どもにわかりやすい。

見るポイントは、「隅々まできちんと拭けているか」が良い。隅がきちんとできていれば、後は大抵できていることが多い。

他の掃除場所でも然りである。

三　サッシの掃除

サッシは、とても汚れがたまりやすい場所である。外に面している窓の場合は、特にである。掃除を怠ると窓が閉まりにくくなることもある。そこで、普段から小さいほうきでさっさとはいておくことをおすすめする。

それでも、端までは掃除が行き届かないことがある。

その場合におすすめの道具は、使用済み歯ブラシである。端の汚れまでかき出せるので重宝している。

可能なら、水をサッシに注ぎながらこするとよい。さらに汚れが落ちやすくなる。

教室に使用済み歯ブラシを何本が常備しておくと、便利である。

（今浦敏江）

21 ちょっとした工夫でぴかぴかになる掃除の仕方（黒板）

一　黒板消しはいつもきれいにしておく

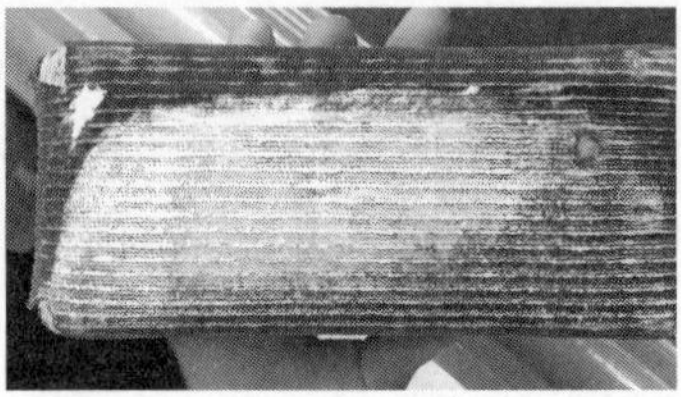

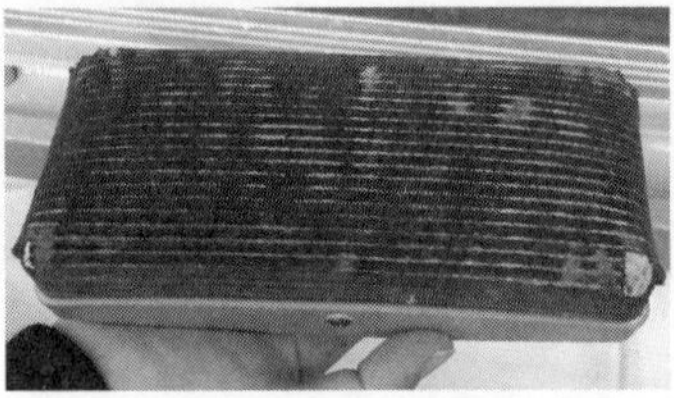

黒板をきれいにしようと思ったら、黒板消しをきれいにしておくことが大切である。

黒板消しにチョークの粉が残っていると、黒板につくため、かえって汚れてしまうことになる。

そこで黒板をきれいにする当番が黒板を消した後に、黒板消しにチョークの粉が残っていないかチェックするようにする。

学年始めの早い時期に行っておくことが大切だ。

あとは時々チェックするだけで1年を通して黒板消しがきれいになる。

窓から外に向けて、黒板消しを二つをたたいてきれいにしている光景を目にする。

風が強い日などはチョークの粉が舞い散って広がってしまう。

また、低学年などでは廊下や教室でも黒板消しをたたいている子もいる。

できれば黒板消しクリーナーを使わせたい。

二　黒板の拭き方

何も指導せずに黒板を拭かせると、円を描くように黒板消しで拭いている子を見かける。

チョークで書かれた場所の上をなぞるだけなので、白い筋が残ったようになり、なかなかきれいにならない。

黒板の拭き方を子ども達に教える必要がある。

黒板を拭くときには、次のようにさせる。

黒板の上側から下側に向かって消していく。

黒板の上側から下側に向かって消していくと、黒板に付いたチョークが辺りに

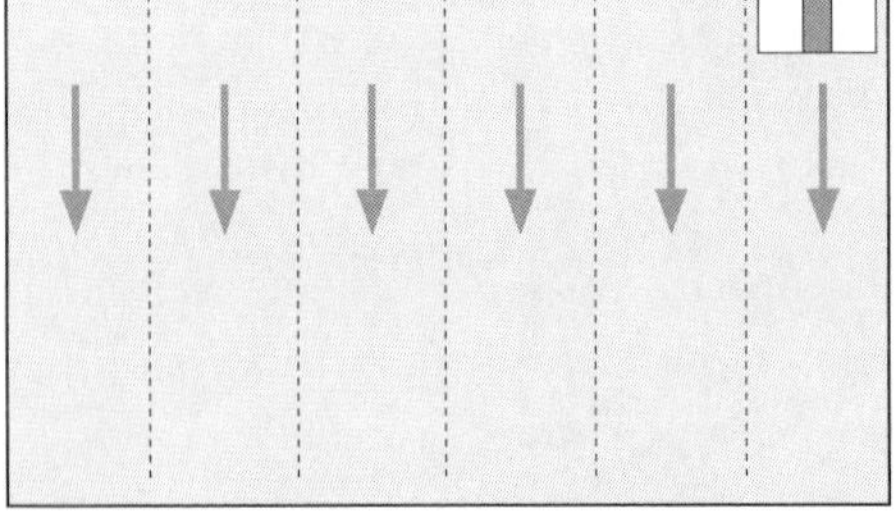

舞い散ることなく、チョーク置き場に落ちるようになる。

また、図のように、必ず上から下に向かって消すようにし、消した後が重ならないようにすれば、見た目もきれいに消すことができる。

三　黒板消しの持ち方

向山洋一氏が行った方法を紹介する。

> ①　黒板消しを45度に傾けて、黒板の上部に当てる
> ②　ぐいっと力を入れながら、真下におろす

左の図のように、黒板消しを黒板に、45度になるように押しつける。そして、力を込めて下におろしていく。

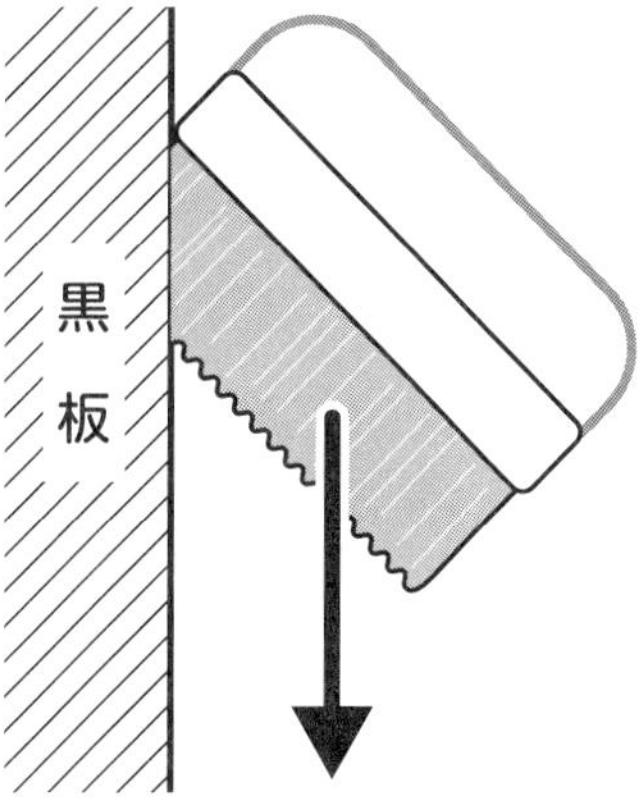

このようにすると、チョークの粉が周りに飛び散ることがなくなり、下のチョーク置きに落ちるようになる。

そして、次のようにする。

> ③　黒板消しの半分が汚れると、まだ汚れていない方を黒板に当て、②を繰り返す

きれいに拭けなくなったと感じた時に、汚れていない方に換えることで、無駄なく黒板消しを使うことができる。

四　教師がやって見せる

2年生には45度というのが分からない。そこで、子ども達を黒板の前に集め、教師がやって見せた。

やりたそうにしている子がいたので実際にやらせ、うまくできているところをほめていった。

すると、それまで遊び半分で拭いていた子ども達が、力を込めて拭くようになった。黒板消しの当番でない子まで「きれいになった」と言いながら拭いていた。

黒板が今までと見違えるようにきれいになった。

低学年の子は、黒板の上部には手が届かない。無理をして高いところまで拭かせるのは危険である。そこで、拭くことができない場所は教師が消すようにする。

〈参考HP〉「うっとりするぐらいきれいになる黒板の消し方」
松崎　力氏　TOSSランド№2320301

（梶田俊彦）

22 教師不在でもできる2年生「掃除指導」の秘訣

子どもを叱って掃除をさせても、教師がいなくなると掃除をしなくなることが多い。

掃除指導の秘訣は次の三つである。

① 役割を細分化する
② 教師がチェックするシステムをつくる
③ ほめる

特に③を意識して指導したい。

一 役割を細分化する

掃除場所を細分化すると、だれがどこを掃除するかを示すことができる。

例えば、教室を4人で掃除するならば、下の図のように掃除場所を割り振る。机やいすは列になっているので、分担場所の机やいすも担当することになる。

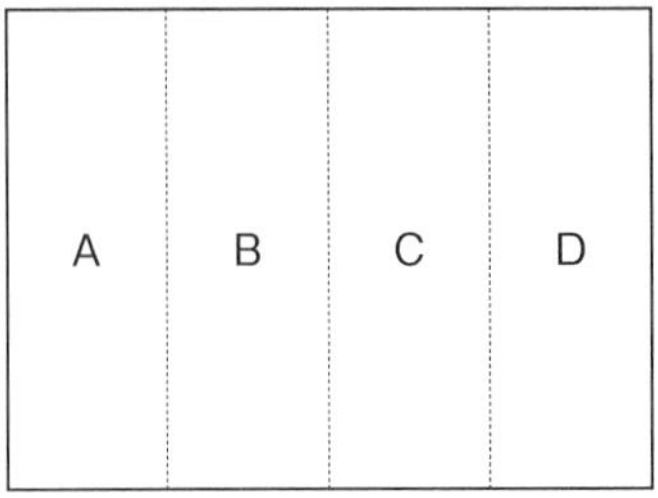

掃除ができていない場所があれば、担当の子がしていないということになる。担当場所を決めることで、子どもに責任を持たせることができる。

子ども1人1人に担当の場所を決めたら、掃除の手順を教える。

黒板掃除を例にとってみる。手順は次のようになる。

① 黒板消しで上から下へ消す
② チョークの粉を雑巾で拭く
③ チョークを並べる
④ 黒板消しをクリーナーできれいにする

手順を示すことで、子どもたちはどうやって掃除をすればよいかがわかり、やる気を持って取り組むことができる。

中には、一生懸命に掃除をしているが、掃除道具の使い方がわからずに苦労している子もいる。

雑巾やほうきなど掃除道具の正しい使い方を教えてあげることも大切である。

二 教師がチェックするシステムをつくる

担当の場所が掃除できたら、教師を呼びに来るようにする。

教師は、掃除ができているかどうかチェックする。その際、子どもが一番手を抜きそうな箇所をチェックするだけでよい。そこができていたら、他の部分もきちんと掃除ができているはずである。

教室で言えば、教室の隅をチェックすればよい。

子どもたちには、次のように話をしておく。

> 先生が見て、合格すれば掃除は終わりです。残り時間は自由に過ごしてもかまいません。合格できない人は、掃除の時間が終わってもやってもらいます。

終わった子どもは、教室の中で自由に過ごすようにする。外で遊んでいると、他のクラスから苦情が来ることもあるので気を付けておく。

一生懸命に頑張れば、早く終わることができるので、子どもたちは必死になって掃除をするようになる。

真面目にやった人が得をするシステムにすることが大切である。

三　ほめる

ほめることで、子どものやる気を2倍、3倍にすることができる。子どもと一緒に掃除をすると、今まで気づかなかった子どものよい所を見つけることができる。

> ○○さん、こんなところまで掃除していて、すごいね。
> ○○くん、掃除の取り掛かりがとっても早いね。

とにかくほめることが大切である。

また、おうちの方へ連絡帳で伝えることもある。

> ○○さんは、毎日一生懸命に掃除をしています。みんなが気づかないところまできれいにしてくれるのです。○○さんの掃除をする姿は、クラスのお手本となっています。お家でもほめてください。

他の先生方にもほめてもらうことがある。そのことも、子どもたちに教師がうれしそうに伝える。

ほめればほめただけ、子どもたちのやる気が出てくる。

このような掃除のシステムをつくれば、教師不在でも子どもたちは一生懸命に掃除をするようになる。

〈参考ＨＰ〉「みんなが本気になって取り組む掃除指導」
小野隆行氏　ＴＯＳＳランド№３３０００３３

（小野敦子）

23 すぐに使える掃除当番表のつくり方

掃除当番表で大切なのは

「だれが」「どこで」「なにを」するかが明確である

ことである。パッと見て、自分がどこで何をするのかがわかる掃除当番表をつくりたい。

1年間通して使うことができ、簡単につくれる掃除当番表のつくり方を紹介する。

一　掃除場所を細分化する

まず始めに、担当掃除場所を細分化する。

例えば、教室で考えてみる。

①ほうき1号　②ほうき2号　③ほうき3号
④ぞうきん1号　⑤ぞうきん2号　⑥ぞうきん3号
⑦こくばん・上ぶき

「ほうき1号」「ぞうきん1号」は、教室を3等分した左側を掃除させる。

場所だけでなく、何をするかまで細かく分ける。

「だれが」「どこで」「何を」すればよいかを考えれば、細分化しやすい。

二　掃除分担表の円グラフをつくる

掃除担当の細分化をすることができたら、次は、円グラフをつくる。

手でつくると、円を人数で等分するのが難しい。そんなとき、Ｅｘｃｅｌのグラフ機能を使えば、あっという間に下のような円グラフをつくることができる。

まず始めに、掃除分担名を打ち込む。Ａ１からＡ２、Ａ３と順に打ち込んでいく。例えばＡ１は「ほうき１号」、Ａ２は「ほうき２号」となる。

次にＢ１から順に％を打ち込む。

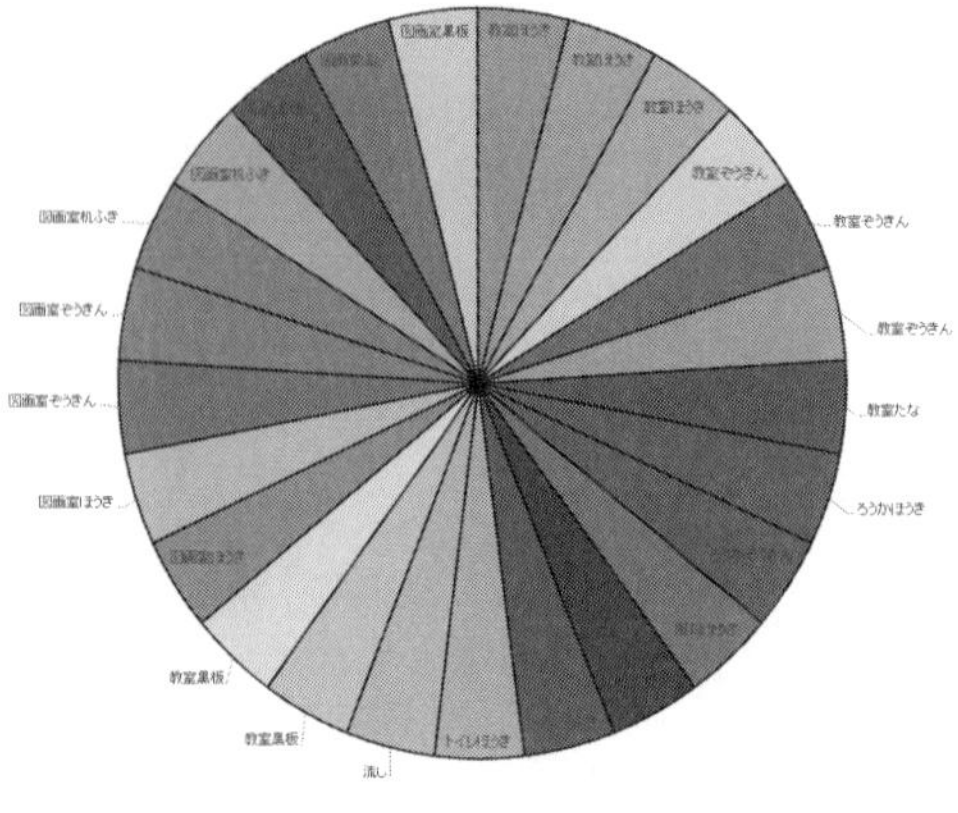

掃除分担の数が25個あれば、100÷25＝4なので、4％と打ち込んでいく。

最後に、範囲指定をし、グラフウィザードで円グラフを作成する。

エクセルでつくると、きれいに仕上がり、仕事の分担に全て違う色分けができるのがよい。

三　児童氏名の円グラフをつくる

これも手づくりだと、枠がずれることがあるので、パソコンで作成する。

掃除分担表をつくった円グラフを利用すればよい。

円グラフの中の色を白に設定すれば、掃除分担の円グラフに対応したものができあがる。

大きさは、コピーで拡大や縮小したりして調節する。

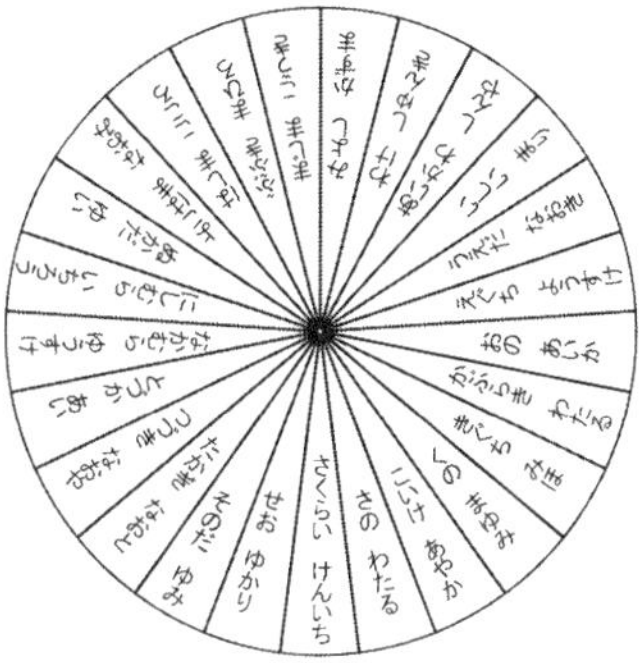

四　1年間使うために

この掃除当番表は、1年間を通して使う。

児童氏名の円グラフは繰り返しまわしながら使うので、画用紙で補強しておくとよい。

まわす方向を書いておくと、低学年の子どもたちだけでも掃除の変更を間違えずにすることができる。

また、仕事の内容がわかりやすいように、イラストなどを入れてもよい。

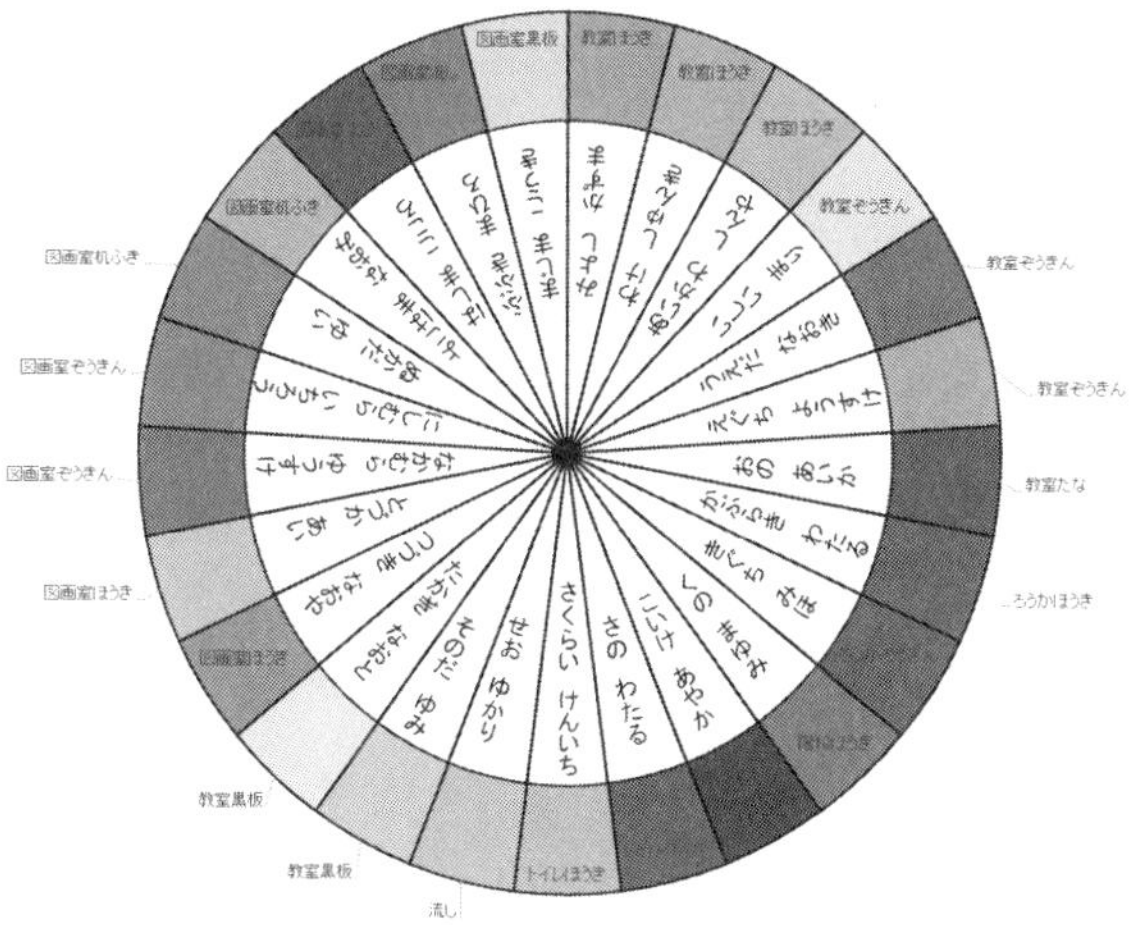

（小野敦子）

24 あると便利 掃除で使えるグッズ

一 掃除道具入れをすっきり収納

掃除道具入れは、効率よく使わせたい。

そこで、活躍するグッズがある。百円ショップなどで販売している「フック」である。S字型になっていて、連結して使うことができる。

低学年の場合、備え付けのフックのままだと手が届かない場合が多いが、このフックがあれば高さの調整が容易にできる。

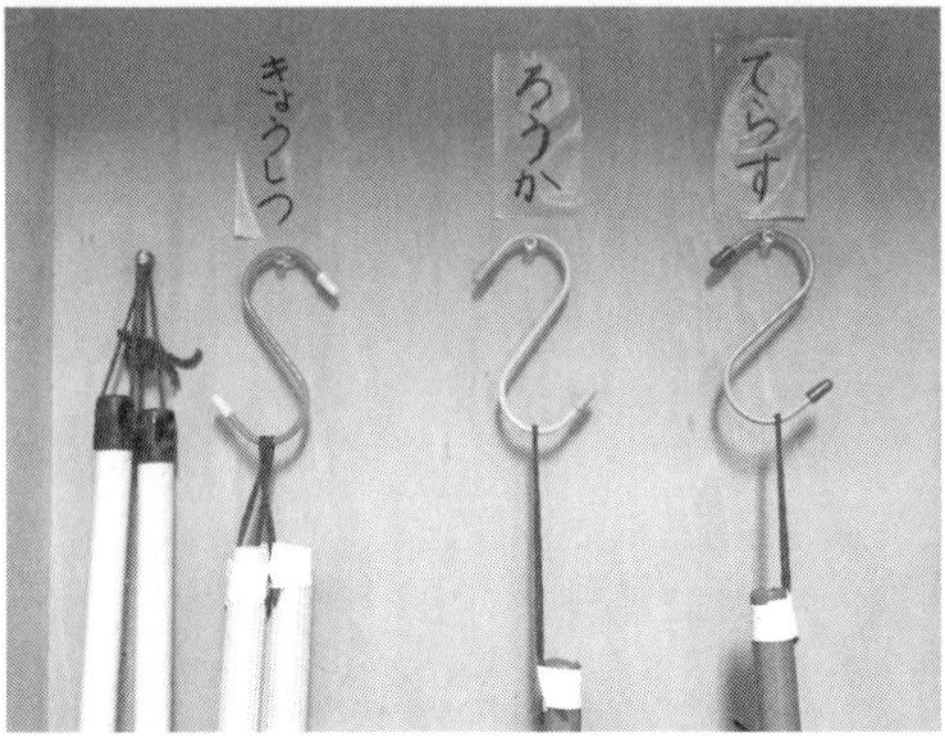

二 ほうきの長さを調整

1年生には、市販のほうきは長すぎる。そこで、柄を切り、少し短くした物を用意しておくと使い勝手がよい。

写真、右が市販の物、左が柄をカットした1年生サイズの物である。

使い方云々の前に、サイズが合っているかどうかが、とても重要な要素である。

三 黒板用ミニほうきセット

黒板用に小さなほうきセットがあると便利だ。これも百円ショップなどで手に入る。形やサイズもいろいろあるので、用途に合わせて揃えておきたい。

四 雑巾がけの使い分け

床用の雑巾と机用の雑巾とが混じってしまう場合がある。

色で使い分ける方法もあるだろうが、汚れてくると見わけにくい。

　そこで、かける場所によって、使い分けをさせる。

　写真は、ガムテープに用途を書いて貼り付けたものである。これだけでも、混在は激減する。

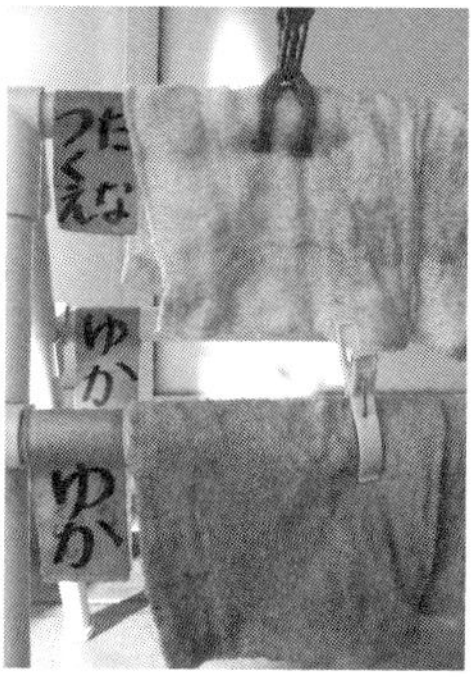

五　せんたくばさみで雑巾を固定

　雑巾がばらばらになる悩みもこれで解消できる。

　雑巾、1枚1枚をせんたくばさみでとめるようにするのだ。

「1枚に一つ」がポイントである。適当な数だけ与えていたのでは、曖昧になってしまう。

六　バケツの使い分け

　雑巾だけではなく、バケツも使い分けをさせたい。

　よく目立つ所に目立つ印をいれておくようにする。

　それだけで子ども達の混乱はなくなる。

七　古新聞

　低学年の掃除の時間には、古新聞を準備してあげるとよい。少し濡らして絞り、窓を拭く。手軽にできる上に、きれいになる。

　また、濡らして絞った新聞紙を細かくちぎって、床にばらまいた後、ほうきで掃いていく方法もある。

　掃除指導の導入の際には、「掃く方向」や「向き」が確認しやすく、便利である。

　子ども達は、喜んで掃除をするようになる。

　濡れた新聞紙は汚れをよく吸い取るので、とてもきれいになる。

　まさに、一石二鳥である。

（赤木雅美）

25　帰る前のちょっと一工夫　教室がきれいになる方法

子ども達が帰った後の教室には様々な表情がある。

きれいに整頓されている教室もあれば、机や椅子がぐちゃぐちゃな教室もある。ごみが散らかっている教室もある。

放課後、教師が掃除しなくても、さようならをした後には、教室がきれいに整頓できている方法を紹介する。

一　子どものいるうちに、子どもの手で

最も大切なポイントは、次のように考えることである。

子どものいるうちに、子どもの手できれいにする。


これを意識すると、具体的な方法が思い浮かぶ。

教室がきれいに整頓できている状態を具体的に思い描いてみる。

例えば、机・椅子の整頓、ごみ拾い、黒板消し、窓閉め、学級文庫の整頓など。

これら全てのことを、子ども達だけでできるようにする。

二　机の位置をマーキングする

机の整頓は、意外と難しい。低・中学年だと時間もかかるし、なかなか真っ直ぐに揃えることができない子が多い。

棚などを基準に決めていたこともあるが、それだけではうまく合わせることができない子もいた。

そこで、机の位置の床に印をつけることにした。

印のつけ方だが、テープだとそのうちはげてしまい、分からなくなってしまう。


マジックで直接床に書くとよい。


1年が終わる頃には、薄く目立たないようになっていくので大丈夫である。自分の机を印に合わせて揃え、前後で修正する。

この方法であれば、どの子も自分で机をきれいに並べることができる。

三　ごみや落とし物を拾う

帰る前にごみが落ちていたら拾わせる。

また、鉛筆や体操服などの落とし物も同時に拾わせたい。

「ごみを10個拾いなさい。」と言うこともあるし、「床に何も落ちていなければ合格です。」と言う場合もある。

何を、どこまでするのか。

このことをはっきりと伝えなければならない。

四　できた列からさようなら

私の学級では、さようならの挨拶を全員で揃ってしていない。列ごとに帰ることにしている。

帰る用意ができた列から、さようならである。

頑張ればそのぶん早く帰れるので、子ども達は早く用意するようになる。

特に、早く帰りたいやんちゃ君が「早く！」と声かけをしてくれるので、教師は何もしなくていい。

最後に、教師の合格をもらえたら、さようならができる。

合格は、次のことが全部できたらもらえる。

> ①　机・椅子の整頓
> ②　ごみ・落とし物
> ③　当番の仕事
> ④　かばんをかけて、すぐに帰れるよう準備

列の一番前の子を、机が真っ直ぐなっているかの確認や、教師へ「できました」と報告する担当にしておく。

これで子ども達が口々に言ってくることはなくなる。

教師がチェックして一つでもできていないと、やり直しとなる。

「ごみが落ちています。やり直しです。」

と穏やかに言ってやればよい。叱る必要はない。

私のクラスでは、「黒板消し」や「窓閉め」などは、当番の仕事に入っている。

当番をチェックすれば、窓閉めなどは全て完了である。

なお、当番のチェック表は、図のように号車ごとに分けておくとよい。

一目見ただけで、号車ごとの当番の仕事状況が分かるので、チェックの時間が短縮できる。

このシステムをつくっておけば、教師は何もしなくても、さようならと同時に教室はきれいになっている。

是非、お試しいただきたい。

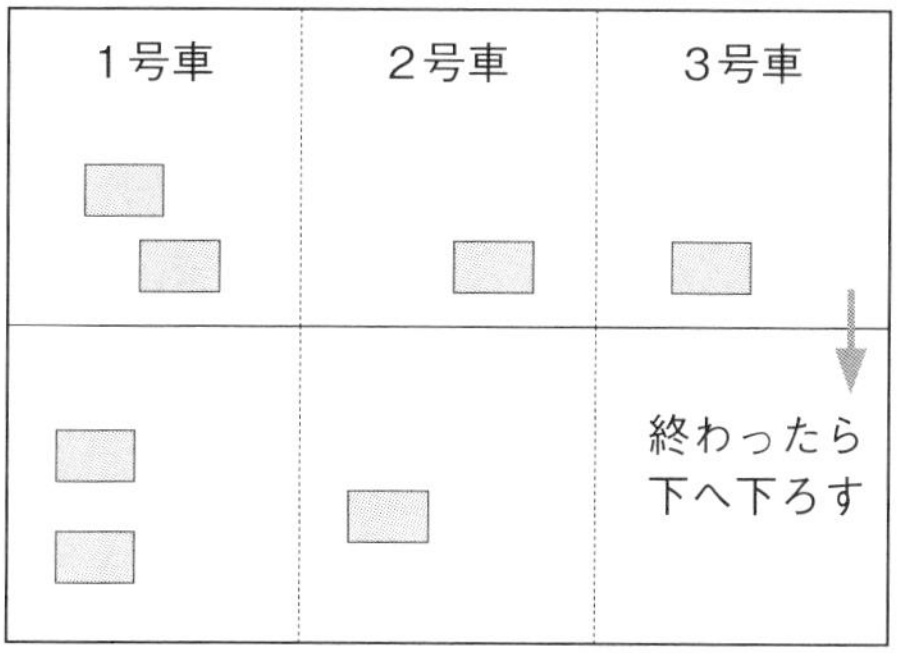

（熊谷博樹）

中学年の教室風景

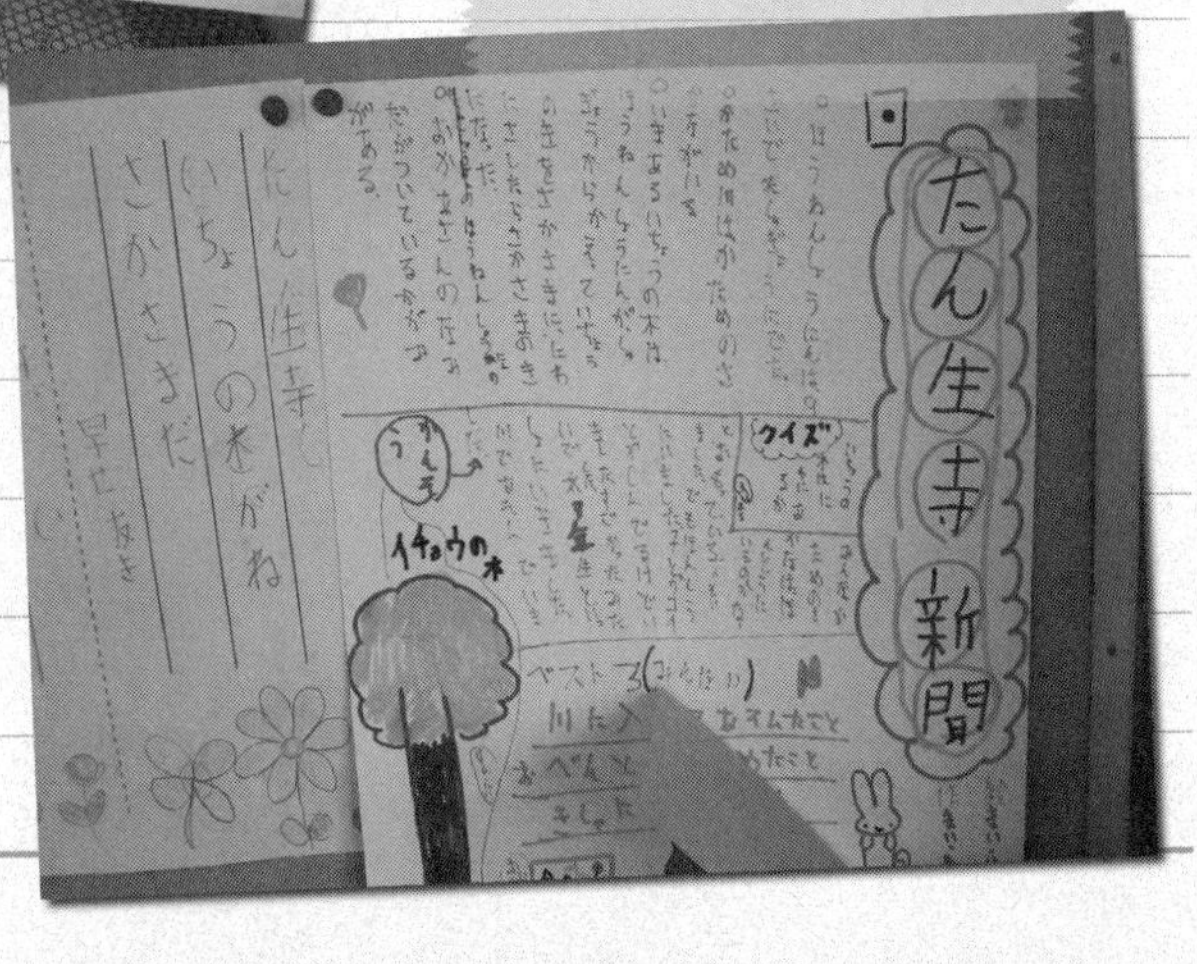

“黄金の1週間”でつくる
学級システム化小辞典

第3章

中学年の教室

〈サボる子なし！　学級システムづくり〉

子どもがやりたくなる当番活動のしかけをつくる

1 朝の会のおすすめメニュー

できるだけ必要最低限の内容に限る。次である。

・あいさつ　・健康観察　・先生の話

そんな朝の会にひと工夫付け加えることで、クラスが知的になったり、楽しくなったりする。

一 健康観察を英語で行う

英会話の授業で習った言葉を使って健康観察を行う。

例えば、次である。（Aが教師、Bが子ども達である。）

A: Toshihiko Kazita?
B: I'm here.
A: How are you?
B: I'm fine. / I'm sick.
A: OK.

慣れないうちは、「I'm fine.（元気です。）」「I'm sick.（調子が悪いです。）」の二つくらいにしておく。

少しずつ慣れてきたら、体調を表す言葉を増やしていく。

次のような言葉がある。

good.
pretty good.
so-so.

さらに、返事をするときにポーズを付けるようにしても面白い。やんちゃな子などは、みんなより目立とうと張り切るものである。

ただし、体調が悪い児童は後で確認する必要がある。

二 フラッシュカードで子どもを授業モードにする

朝の会から授業に気持ちを切り替えるのに有効な教材がある。「1分間フラッシュカード」である。

次の効果が期待できる。

①授業開始1分間が安定する。②学習内容を楽しく覚えられる。③集中力がアップする。④特別支援を要する児童も取り組める。

例えば次のような使い方の工夫ができる。

・朝の歌の代わりに、「1分間フラッシュカード」を行う。
・朝の会の途中で、子ども達の学習にリズムを与えるために使用する。
・子ども達自身に「1分間フラッシュカード」を使わせ、子ども達同士で楽しみながら学習させる。

特別支援を要する子にも優しく熱中する。教育技術研究所や正進社で検索し、HPを見ていただきたい。「1分間フラッシュカード」の使い方動画が無料で視聴できる。様々な使い方を工夫することができるので、あらゆる場面で活用可能である。

三　詩文暗唱テスト

国語の時間などで学習した詩文の暗唱テストを行う。

「寿限無」のような楽しいものや、「初恋」などの文学作品など、いろいろな詩文を暗唱させる。

そらでスラスラ言えるようになったら、教室の前に出て暗唱する。

ちょっとでもつっかえたら不合格。

評定はあくまでも厳しくした方が盛り上がる。

何回か行ううちに、朝の会が始まる前から練習している子が出てくる。

それを見逃さずに取り上げて褒める。

テストが終わった後で、次のように話す。

〇〇さん、よかったね。〇〇さんは、朝の会が始まる前に自分の席に座って、一生懸命練習してたよね。だから合格したんだね。

その話を聞いて、朝の会までに練習する子が増えるようになる。朝の時間が、知的なものになる。

四　係の宣伝・お知らせ

係の宣伝・お知らせを行うと係活動が活発になる。

しかし、一つの係が長々と宣伝をしてしまうと、クラスがだれたり、集中力がなくなったりする。

例えば「1グループの発表時間は30秒以内」と時間を区切る。

子ども達は発表の練習をするようになる。

また発表を教師が個別評定する。

「今のお知らせは、内容が分かりにくかったので、2点です。」と評価すると、子ども達はさらに工夫する。

（梶田俊彦）

2　これだけある朝の時間に必要な仕事

一　朝の職員室風景

私はほぼ毎朝、7時55分に職員室へ入る。

これは、始業時刻の20分前にあたる。

その時職員室では、全職員のおよそ半数ほどの先生が忙しそうに仕事をしている。

私は朝の時間に、次のような仕事をする。

> ①　その日の予定を確認する
> ②　その日に使うプリントなどを印刷する
> ③　その日に配る配布物などをチェックする

この三つが終わると、さっさと教室へ行くようにしている。

二　これだけある　朝の時間に必要な仕事

では、一般的にみて、朝の時間に必要な仕事はどのようなものがあるだろうか。

学校によって違いはあるが、おおよそ次にあげるものが考えられる。

> ○ほとんど毎日ある仕事
> ・健康観察ボードを教室に持っていく
> ・出欠など、子どもの状況を確認する
> ・配布物をチェックする（クラスごとに分けられた棚に入れられていることが多い）
> ・教室、廊下の窓を開ける
> ・教室の電気をつける
> ・その日に使うプリントなどを印刷する
> ・提出物を集め、処理する
> ・黒板を消す
> ・連絡帳のチェック
> ○時々ある仕事
> ・朝の交通当番（決められた場所に立ち、登校の様子を指導する）
> ・午前中の授業でマイクなど特別な物を使うときの準備
> ・朝の集会等で前に出て話す　・朝の放送当番
> ・グランド整備

この他にもさまざまあると考えられる。

三　1人1役当番を活用する

このような仕事のすべてを、担任1人が毎日毎日こなしていくことは難しい。

そこで、

1人1役当番

を活用するのである。

例えば、朝窓を開けたり電気をつけたりする仕事は、子どもでも可能である。

また、健康観察ボードを取りに行く当番がある。

また、健康観察の後、出欠を記録する黒板を書きに行く当番がある。

これらは子どもが毎日する当番なので、教師の私よりも忘れることも少ない。

さらに、私のクラスでは、提出物などを集める当番も決めてある。

集める当番には、提出物を出席番号順にそろえることもお願いしている。

何かと手のかかりやすい、提出物の処理がスムーズである。

このように、教室でするべき細々とした仕事は、当番にしてもらうようにしている。

1人1役当番を上手く使えば、かなり助かるものである。

四 朝の時間を有効に使うためのメモ

私は朝に弱く、学校へ着いてもなかなか頭が働かないことがある。そのような時に役に立っているのが、

朝にやることを書いたメモ

である。

前の日の退勤前に、次の日の朝やることを書いたメモをつくって、机の上に置いておく。

このメモがあれば、朝少し体調が悪いときでも、頭をあまり使わずに仕事を進めることができる。

可能ならば、メモに書いたいくつかの仕事に優先順位をつけておく。

こうすれば、何かのアクシデントで勤務時間間際に学校へ行ってもすぐに一つか二つかの仕事に取りかかることができる。

また、何かの都合で勤務時間に遅れそうになっても、学年の先生などに仕事をお願いすることもできる。

もちろん、日頃から学年の仕事を進んで引き受けることも大切である。


（熊谷直樹）

3　これだけはダメ　朝の時間に陥りやすい失敗例

朝の時間に起こりやすい失敗例をもとに、その対応策を紹介する。

失敗例1　朝、教室で子どもたちが喧嘩をしている

朝、職員室にいると、女の子が急いでやってくる。話を聞くと、男子が喧嘩をしているという。教室に行ってみると、取っ組み合いの喧嘩が起こっている。

教師がいないときは喧嘩が起こりやすい。

教師がいれば、トラブルが起こったとしても、大きなトラブルに発展することは少ない。

喧嘩などのトラブルが心配な場合は、子どもたちよりも早く教室に行き、子どもを迎える。

そうすれば、トラブルを未然に防ぐことができる。

失敗例2　子どもの集金がなくなる！

集金日に、持ってきたお金がなくなる！　というトラブルが起こることがある。

「朝、先生の机の上に置いておいた」と子どもは言うが、実際に机の上にはない。

お金に関するトラブルは、保護者の信頼を失うことにもなりかねない。絶対に防ぐ必要がある。

そこで集金袋は、必ず教師へ手渡しすることを徹底する。

教師へ渡すまでは、ファイルやかばんの中へ入れておくように指導しておくと、なくなる心配はない。

失敗例3　朝学習の時間なのに子どもたちは大騒ぎ

朝学習の時間なのに、子どもたちが課題をやらずに遊んでしまうということも多々ある。

始めのうちは2、3人でも、時間が経つにつれ、人数が増えてくる。最後には、クラスのほとんどが遊んでいるという状態にまでなってしまう。

朝学習の場合は、次の二つのことに気を付ける。

> ①　やることが明確な課題を出す
> ②　やったかどうかの確認を必ずする

何をしていいかわからない課題を出すと、それだけで子どもたちはやらなくなる。

また、やったかどうかの確認は、朝学習の初日に必ず行わなければならない。

子どもたちには次のように言う。

「全員立ちなさい。朝学習をきちんとやった人は座りましょう。」

最初なので、やっていない子が数人いる。

「明日は正しくできると約束できる人は座りなさい。」

このように言うと、子どもたちは静かに座る。

次の日も同じように確認をする。さらに加えて次のように言っておく。

「明日やっていなかったら、休み時間に先生のところへ来てやってもらいます。約束できる人は座りなさい。」

そして、次の日も確認をする。３日目にもやらない子がいることがある。そんなときは、次のように言う。

「昨日約束をしたのですから、休み時間にやってもらいます。」

そして、本当に休み時間を使って、朝学習をさせる。

朝学習が軌道にのってきても、時々は同じように確認をする。

失敗例４　提出物を出さない

連絡帳や宿題などの提出物を出さずに遊んでしまう子がいる。そんなときに限って、連絡帳にお家からの大切な連絡があったりする。

提出物を出すように声かけをすればよいが、誰が出していて誰が出していないかすぐに確認することは難しい。

そこで、子どもの名前磁石を利用する。

提出物を出したら、磁石を動かすようにする。提出する机に貼っておけば、子どもは、提出したついでに磁石を動かすことができる。教師は磁石を確認し、動いていない子に声をかければよい。次の日は、反対側へ磁石を移動させるようにする。

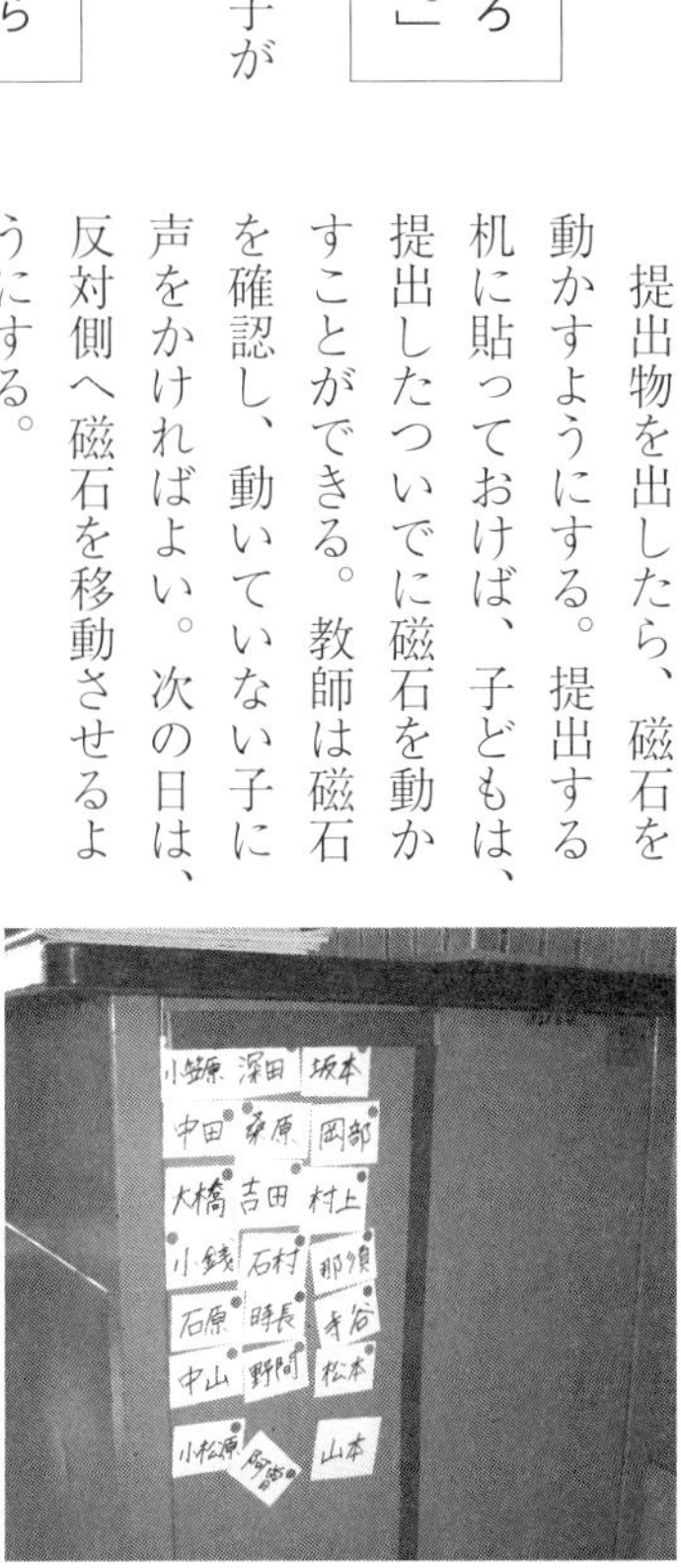

〈参考ＨＰ〉「朝の会をやりきらせる方法」松藤　司氏　ＴＯＳＳランド№３４０００１７

（小野敦子）

4　当番をさぼる子がいなくなる ちょっとした工夫

一　誰が何をするのか明確にする

当番は1人1役で行っている。

「黒板消し1時間目」「健康観察」「窓しめ」など、教室の中の仕事を細分化し、その1つ1つを1人ずつが担当するのである。

このシステムで行うと、さぼる子が激減する。

誰が何をどこまでやるのかが明確になるからである。

よく、班ごとに仕事を割り振っているクラスがある。

しかし、これだと必ずさぼる子が出てくる。

このシステムだと、誰が何をするのか、責任の所在が明確でないからである。

自分が仕事をしなくても、班の誰かがしてくれるなら、子どもたちはやらなくても大丈夫だと思うようになる。

二　1人1役を運営するシステム

私のクラスでは、マグネットを使って、1人1役の仕事を運営している。

1人1人の名前と仕事を書いたマグネットを、ホワイトボードに貼っておく。

ホワイトボードは2つ用意しておく。

仕事が終わったら、もう1つのホワイトボードに自分のマグネットを移動するのである。

仕事が終わった方には、赤い棒磁石をつけておく。

そうすると、誰が仕事が終わっていて、誰が仕事をしていないのかが、一目瞭然になる。

私は、黄色のマグネットを使うことが多い。

黄色はよく目立つので、マグネットの数が少なくなってくると、とても目立つようになる。

赤色の棒磁石は、帰るときに担当の子が、もう1つのホワイトボードに移動させる。次の日は、反対側にマグネットを動かすことになる。

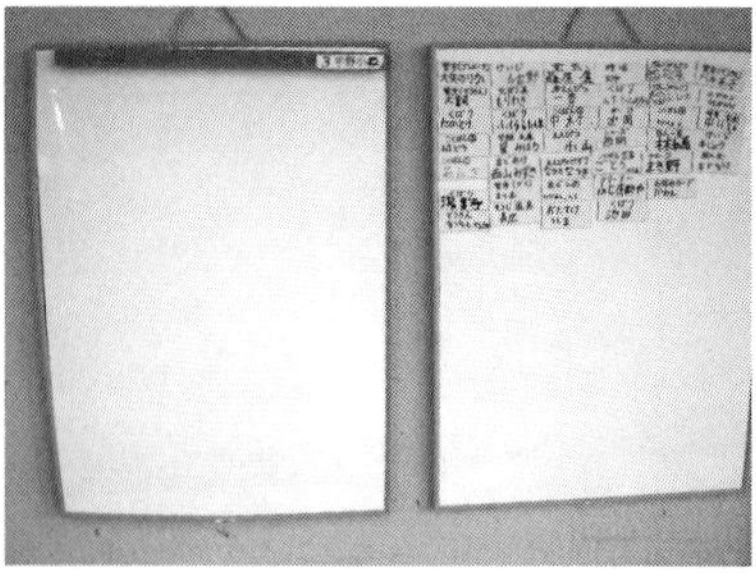

1人1役のボード

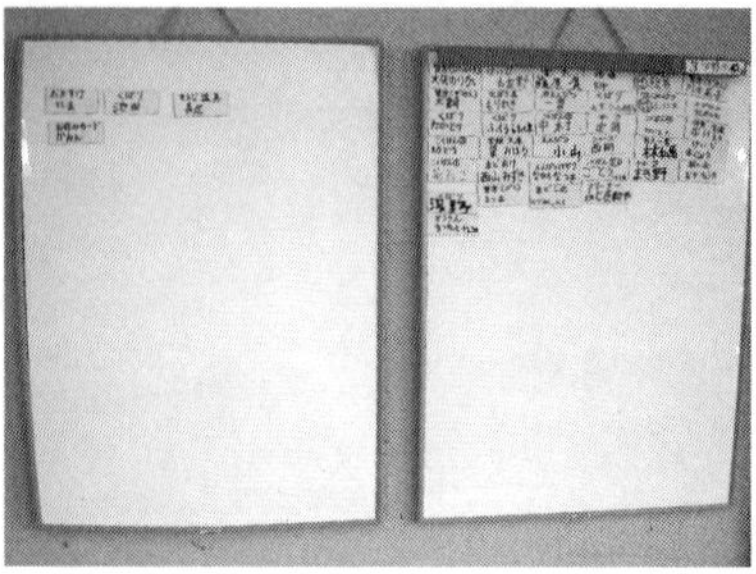

残っているとよく目立つ

三　チェックシステムをつくる

ホワイトボードとマグネットを使うことで、さぼる子が大幅に減る。しかし、これでもさぼる子はなくならない。

そこで、チェックシステムをつくる。

私は、次のようにしている。

「当番の仕事ができているかを確認する」当番をつくる。

その子は、帰る前に、全員の仕事ができているかどうかを確認するのが仕事なのである。

もし、やっていない子がいたら、どうなるか。

その場合は、その子がやっていない仕事を全部することになる。これは、大変である。

最初のうちは、1人で5つも6つも仕事をしなくてはいけなくなる。しかし、このようなシステムにしておけば、その子はだんだんと前もって確認するようになる。

例えば、「仕事をしていない人はしてください」などと、給食時間に伝えるようになる。

それでも仕事をしない子がいると、個人的に「もう仕事をした?」と、聞いて回るようになる。

このようなチェックシステムがあれば、さぼる子はいなくなる。

そして、教師が出張などで不在の時でも、安心である。

確認する当番がつくれなければ、日直がその仕事を担当しても良い。また、時には、このようなことも行う。

仕事が終わった人から「さようなら」をする。

こうすると、終わっていない当番の子は、慌てて自分の仕事に向かうようになる。

四　最後のもう一歩の詰め

このようなシステムができていれば、通常の場合、困ることはない。

しかし、時々は、教師自身のチェックも必要である。

中には、仕事をしていないのに、マグネットだけを動かしている子もいる。そこで、次のように言う。

> 今から、仕事がきちんとできているかどうか、先生が見て回ります。心配な人は、確認していらっしゃい。

これで、さぼっていた子も必死で自分の仕事を行うようになる。このような詰めも、時には必要である。

（小野隆行）

5 クラスの当番の決め方 交代までの期間は？

「給食当番」や「掃除当番」、「1人1役当番」など、クラスにはいろいろな当番活動がある。

安定したクラスをつくるためには、この当番活動がきちんと機能しなければならない。

「安定している」とは、先生が何も言わなくてもちゃんとできる状態である。そのためには、当番の決め方が大きなポイントになる。

一 当番決めは、ジャンケン立候補制で

みなさんのクラスでは、当番を決めるとき、どのような方法で行っているだろうか。

どの子も自分のなりたい当番があり、それを勝ち取ろうと必死になっている。中には、なりたい当番になれなくて、すねてしまう子もいる。

これは、教師が裁かなくてはならない。子どもの好き勝手に決めさせていると、ケンカやトラブルの元になる。

どの子も納得する当番の決め方がある。

ジャンケン立候補制

である。

以下にその方法を紹介する。

① 当番の仕事内容・人数を知らせる

まず、どんな仕事があるのか、それを一覧で示す。その時に、それぞれの人数も書いておく。

子ども達は、「あれになりたい」「これになりたい」と口々に言うだろう。

② 趣意説明する

当番を決める前に、きちんと話しておくことがある。それは、次のことである。

> 当番は、学級のためにしなくてはならないことです。どの当番になっても、一生懸命頑張ってください。

そこで、「頑張る人？」と尋ね、子ども達に挙手させる。全員手を挙げたことを確認しておくのである。

これが、教師と子ども達との約束となる。この約束が、あとでぐっと効いてくるのである。

そして、もう一つ約束を付け加えておく。

> 中には、希望した当番になれない人もいるかもしれません。希望した当番でなくても、「嫌だ」なんて言わず

に頑張りますか？

と、ここでも挙手をして約束をさせる。

決める前にこの二つを約束しておくと、後で「嫌だ」と言う子が出ても、周りを味方につけて闘うことができる。

③　決め方の説明をする

ジャンケン立候補制について、次のように説明する。

どれでも好きな当番に立候補することができます。同じ当番を2人以上が希望する場合は、ジャンケンで決めます。負けた人は、まだ空いている当番から選びます。

④　なりたい当番を選ばせる

次に、自分がなりたい当番を選ばせる。

まず、挙手により予備調査をする。もちろんそれを見て変更することができる。希望が多ければ、そこで少ないところへ変わる子もいるだろう。

そして、自分が希望する当番の下に名前を書かせる。名前磁石があると、スムーズに決めることができるだろう。

また、「30秒以内で決めます。」とあらかじめ言っておくと、素早く選ぶようになる。

⑤　2人以上ならばジャンケン

ここで、1人しか希望がなければ、その子に決定となる。2人以上いた場合は、ジャンケンで決める。そして、ジャンケンに負けた子は、空いている当番から選ばせる。

この方法は、「給食当番」や「1人1役当番」など、どんな当番を決めるときにも使える。

また、「給食のおかわり指導」もこの方法で行えば、みんなが納得する指導ができる。

二　当番の交代は、ある程度長い期間で

交代の期間は、ある程度長い方がいい。

私のクラスでは、掃除当番は1ヶ月交替、給食当番や1人1役当番は1学期交替にしている。

その方が、仕事がだんだんと上手になり、早くできるようになる。

○○のプロになりましょう。

と声かけをするとよいだろう。

（熊谷博樹）

どの子も納得、学級経営の肝となる給食指導

6 ちょっとした工夫でできる 中学年の給食指導を楽しくするネタ

毎日の給食時間に、ほんの少しの変化をつけるだけで、子どもたちは喜んで取り組むようになる。だれでもすぐにできて、子どもたちに人気のあるネタをいくつか紹介する。

一 机の配置を変える

給食時間は、どのように机を並べて食べているだろうか。全員前を向いて食べている学級もあるだろうし、班で机を合わせて食べている学級もあると思う。私のクラスでは、号車（縦2列のかたまり）ごとに机を合わせている。給食システムが安定してきたら、時には違った配置にしてみるのもいい。

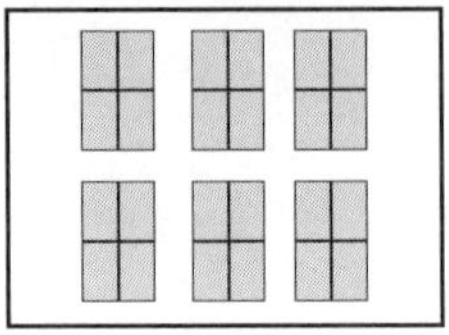
【班で】

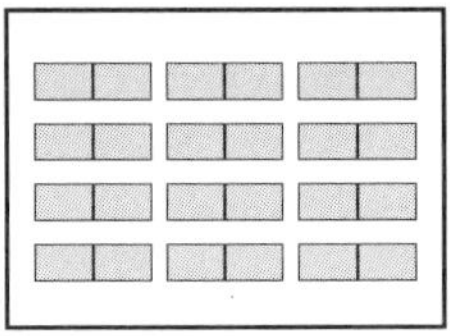
【全員前を向いて】

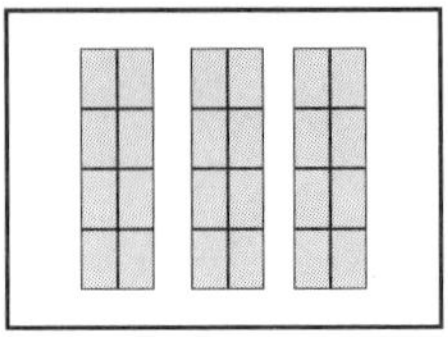
【号車で】

また、次のような配置もおすすめである。

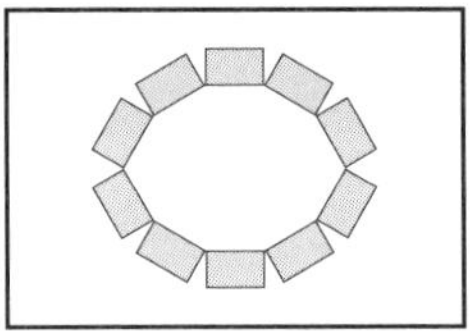
【輪になって】

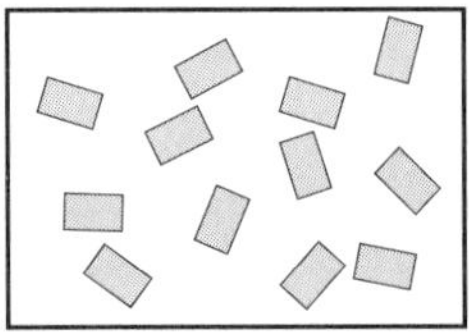
【ランダムに】

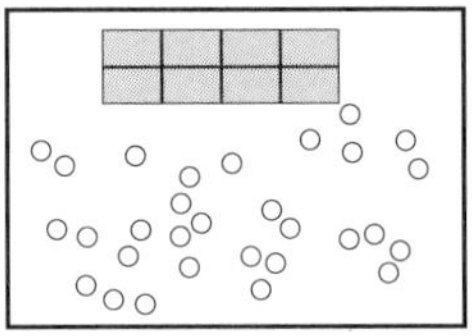
【机をなくして】

机をなくして床に座って食べる方法は、遠足が雨で中止になった日や、運動会の昼ご飯ですることが多い。このような自由なグループで食べるときに教師が一番気をつけておかなければならないのは、次のことである。

ひとりぼっちになりそうな子と一緒に食べる

教師を中心に自然と子どもたちの輪ができるはずである。

二 席替えをする

机を毎回動かすのは大変だが、人だけならすぐに替わることができる。普段と同じ机の配置だが、席が替わるだけで

もなぜだか楽しくなるものである。席を替わる順番を約束をしておけば、あとは子どもたちだけで毎日替わって座るようになる。

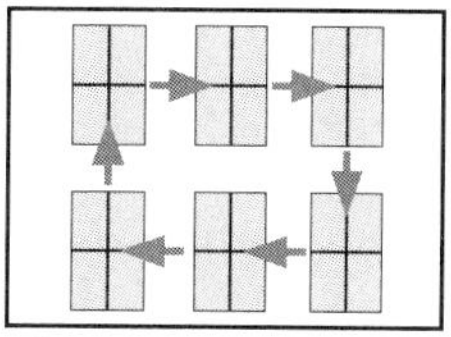

【班の中で移動する】
班がまるごと隣の班に移動する方法。

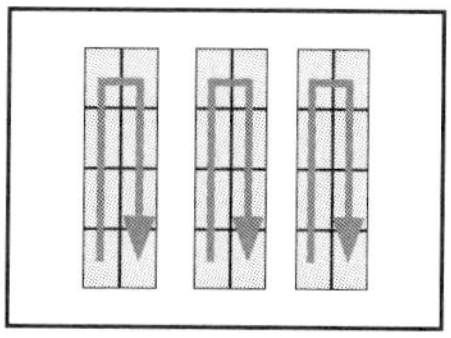

【号車の中で移動する】
号車の中で、順番に人が移動する方法。

三　クラスを越えて人を換える

時には、学年団や学校全体で交換給食を計画するのも楽しい。準備が少し大変だが、子どもたちはとても喜ぶ。

> ①　同じ学年のクラスと交換
> （2クラスなら半分、3クラスなら3分の1）
> ②　学校全体で交換
> （1年生と6年生、2年生と5年生など）

②の学校全体で交換給食をする場合は、低学年と高学年では給食の量が違っているので配慮しなければならない。

四　場所を変える

思い切って教室を飛び出してみよう。

> ①　中庭で青空給食
> ②　学校のどこでも好きなところで自由給食
> ③　体育館、家庭科室などで移動給食

①、②の場合、準備片付けは教室で行い、自分の給食を持って移動する方法がおすすめである。

③の場合は、その場所で準備片付けをすませるとよい。教室の外で食べるときは、ゴミが落ちていないかよくチェックしておく必要がある。次のように指示する。

ゴミを三つ拾って帰って来ましょう。

いずれの場合も学校長の許可を取ることも必要である。

五　いろんな先生を招待する

学校には、たくさんの先生がいる。普段あまり交流のない職員室で給食を食べている先生を、教室に招待してみよう。きっと喜ばれるはずである。また学年団で、給食のときだけ先生が換わるのもおもしろい。A組の先生がB組に、B組の先生がC組に、といった具合にである。

先生によってお代わりのシステムも異なるだろう。普段と違った雰囲気に、子どもたちはきっと大喜びである。

（熊谷博樹）

7 やんちゃ坊主も納得！の「おかわり」指導

「向山式給食おかわりシステム」は、トラブルゼロの究極のシステムである。

やんちゃ坊主は「おかわり」の時間を楽しみにしている。給食をあっという間に食べ終わり、我先におかわりをしようとする。

残り一つのデザートをねらって、トラブルが起こることもある。

些細なことに見えるかもしれないが、このようなほころびの積み重ねが、学級崩壊へとつながっていく。

給食時間は、「弱肉強食」の世界になりやすいからである。

クラスの全員が満足する方法として、向山洋一氏の「向山式給食おかわりシステム」を紹介する。

一 残っているものを紹介し、希望者を募る

次のものが残っているとする。

牛乳2本　鳥のからあげ2個　ゼリー2個
パン2個　お汁

まずは、残っているものを紹介し、おかわりのルールを説明する。

今日は牛乳が2本、鳥のからあげが2個、ゼリーが2個、パンが2個、お汁がたくさん残っています。
おかわりはどれでもできますが、選べるのは一つだけです。
人数が多い場合はじゃんけんで決めます。
どれか一つを選んで手を挙げなさい。

手を挙げさせることで、教師は大体の人数を把握することができる。

また、子どもたちは、じゃんけんになるのを避けるために、人気の少ない別のメニューに移ることも可能となる。

二 おかわりの順番にも意味がある

例えば、牛乳4人、からあげ5人、ゼリー8人、パン2人、お汁3人、になったとする。

ここで、最初におかわりをさせるのは、

お汁

である。

お汁を最後にすると、ゼリーなど人気が高いメニューのじゃんけんに負けたやんちゃ坊主が、紛れ込んでくることがある。それを防ぐためである。

お汁を選ぶ児童は少ないので、お椀からあふれるほど山盛りについであげる。

「お汁にしてよかったね。こんなに山盛り。」

このとき少しお汁を残しておくのがポイントである。残しておいたお汁が後で効いてくる。

次に、パン→牛乳→からあげ→ゼリーの順で、おかわりを進めていく。希望人数の少ないものからおかわりをさせる。人数が多い場合は、じゃんけんで勝った人がもらえることになる。

最後のメインイベント、ゼリーの時間です！

時にはこのように盛り上げるといい。

給食のおかわりが、楽しいイベントへと大変身となる。

ゼリーの人数は8人と多いので、教師とじゃんけんをする。

勝った人だけ残ります。負けとあいこは座ります。

最初に、じゃんけんのルールをきちんと伝えることが、トラブルを防ぐコツである。

こうして残った2人が、ゼリーを見事勝ち取ることになる。

「お汁にしておけばよかった！」

やんちゃ坊主が嘆いても、後の祭りである。

三　残したお汁でやんちゃ坊主も大満足

このままだと、やんちゃ坊主の不満が残ったままだ。ここで効いてくるのが、先ほど残したお汁である。

お汁が少し余っています。じゃんけんで負けた人で、おかわりしたい人はいらっしゃい。

「やったー！」と叫びながら、やんちゃ坊主が駆け寄ってくる。こうしてじゃんけんに負けたやんちゃ坊主も、満足しておかわりをすることができる。

「向山式給食おかわりシステム」は、トラブルが起きない究極のおかわりシステムである。

〈参考文献〉『教え方のプロ・向山洋一全集34 ささやかな場面での子どもとのつきあい方』向山洋一著（明治図書）

（津下哲也）

8 食べ終わった後どうするか？ 食後の時間を有効に使う

一 ルールを決める

給食を食べ終わるにつれて、教室がだんだんと騒がしくなり、困った経験はないだろうか。それは、

食べ終わった後のルールがない

からである。準備や後片づけのルールは決められていても、食べている時や食べ終わって待つ間のルールが抜け落ちていると、教室は騒乱状態になってしまう。マナーを守って食べたい子のためにもルールを決めておく。

例えば、次のようなルールをつくる。

【食事中・食後のルール】
① 立ち歩かない
② 大声で話さない
③ 食べ終わったら○○をして待つ

二 静かに待たせる食後の活動

○○の部分は、各クラスでふさわしい内容を決めるとよい。「読書」のように、

黙って個人でできること

がいい。騒がしくならないことによって、まだ食べている子は安心して食べることができる。

その他にも、次のようなことも、静かに取り組むことができる。

① 今日の宿題 ② お絵かき
③ チャレラン ④ 図工などの残り
（※どの場合も、異物混入には配慮する必要がある。机を離して行うなどの配慮も必要である）

しかし、ルールをつくっていても、やはり食事中や食後はおしゃべりが多くなるものである。

給食時間にふさわしくない言動は、早めに注意することを心がけるとよいだろう。

三 係の活動時間にしよう

いつもいつも黙って食べるのでは、楽しい給食時間にならない。

友達と話しながら楽しく食べることも学ばせたい。

早く食べ終わった子から、係活動をしよう

と言うと、子どもたちは喜んで取り組む。なかなか係活動の時間がとれないクラスにはおすすめである。

【ポイント1】

食べる前から、係ごとに机を合わせて配膳しておく。食べ終わってから机を動かすと騒がしくなったり埃が立つ。

【ポイント2】

食べ終わった係から活動してもよい。

まだ食べてないのに話し合ったりしてはいけない。係のメンバーで声をかけあって早く食べるようになる。

【ポイント3】

隣のグループに聞こえない声で話す。大きな声で話すとまだ食べている人の邪魔になってしまう。

係の活動をしている中で、次のような要望も出てくる。

> ①　係からのお知らせをしてもいいですか
> ②　イベントをしてもいいですか

こんなときは、できるだけ認めてあげたい。

少々騒がしくなるが、とても楽しい時間となる。

また、昼休みに外遊びを計画している係もPRをしてもよいことにする。

そのとき、「先生も外に出るよ」などと言うと、その係の遊びにたくさんの子どもたちが参加するようになる。

四　学級全体で楽しもう

時には、クラスみんなで遊べるような時間も計画したい。例えば、次のようなイベントがおすすめである。

> ①　指相撲王選手権
> ②　突き相撲王選手権
> ③　マジック王選手権

1日3勝負、優勝決定まで1週間ぐらいのペースだと無理なくできる。優勝者には賞状を渡してあげると、子どもたちはとても喜んだ。

○分までに全員が食べ終わっていたらやろうね

という約束をしておくと張り切って食べるようになる。

（熊谷博樹）

9 食器の片付けを丁寧にさせるポイント

食器を片付ける時、何も指導せずに子どもたちに任せてしまうと、ぐちゃぐちゃになってしまう。4月の学級開きの時、「給食のルール」としてきちんと指導しておかなければならない。1年間ずっと、丁寧に片付けができるようになるポイントをいくつか紹介する。

一 どこに何を返すのか確定する

一番のポイントは、

どこに何を返すのか確定しておくこと

である。食べ残しのパンをどこに返すのか、スプーンはどこに返すのか。返却する場所を全て決めておく必要がある。

二 給食当番にセッティングさせる

返す場所が決まれば、それぞれの場所を給食当番にセッティングさせるようにする。（下図参照）

例えば、食べ残しのパンをパン箱に返すことができない学校では、前もってお盆を1枚パン箱の横に並べてから、準備を終わるようにする。

また、スプーンは、食器のかごに引っかけるのではなく、お盆を1枚しいて、その上に束ねる金具を置いておく。

食器かごの一番下にも、お盆を1枚しいておけば、汁がたれるのを防ぐことができる。

これらのセッティングはその日その日によって違うので、教師が行った方が早い。しかし、私は給食当番にさせるようにしている。それは、

子どもたちだけでできるようになってほしい

からである。そのための指導が給食指導である。もちろん安全への配慮は必要だ。しかし、できるだけ子どもたちに任せてしまう。一度定着させれば、システムとして動いていく。そのためには、給食当番を輪番にしない方がいい。固定した方が仕事も慣れて早くできるようになる。

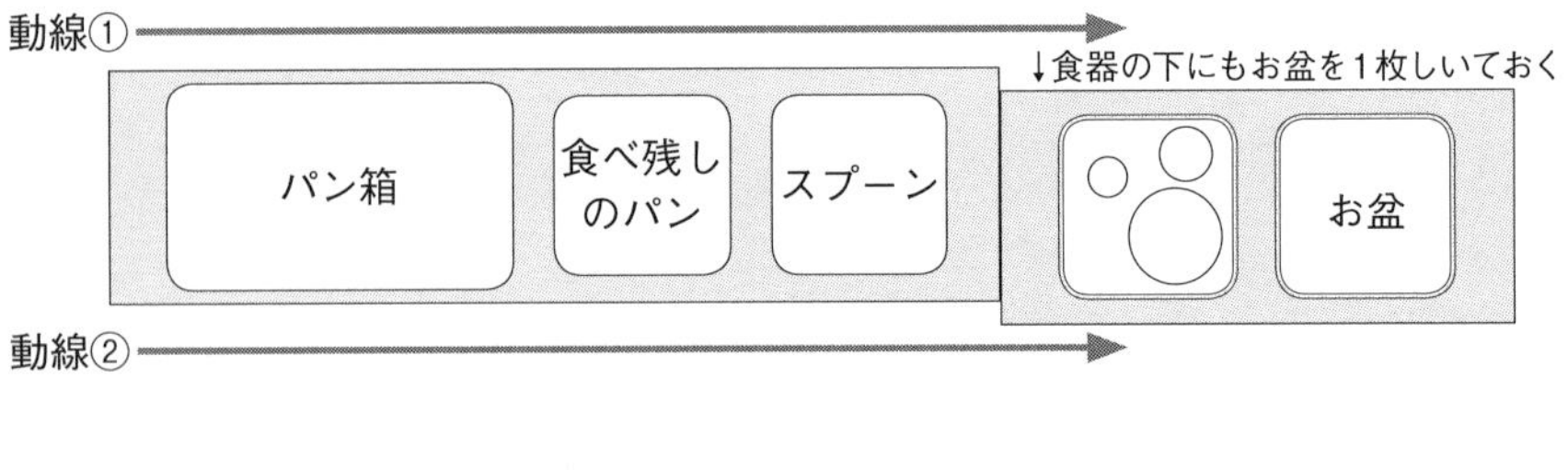

三　２本の動線をつくる

「ごちそうさま」の挨拶をした後は、給食台の周りが混雑してしまう。進む方向を一方通行にしておこう。

また、給食台をはさんで両側から返すことができる２本の動線がおすすめである。片付けが2倍早くできる。

四「音がしないように」

給食の食器で、アルミ食器がある。最近では陶磁器の食器も登場しているが、まだ、アルミ食器が多い。

アルミ食器は軽くて丈夫である。それゆえ子どもたちは平気で食器かごに投げ入れる。学校給食が生んだ悪いマナーの一つである。

「投げて返してはいけません」とか「そっと置きなさい」と何度注意しても、なかなか直らない。こんなとき効果的な一言がある。

音がしないように置きなさい

音がしたかしないかは、そばにいた人が聞けば分かる。初めは音がしないように、必要以上にそっと置こうとするが、しばらくすると上手にできるようになる。

五　チェックをする

４月は、努めて教師が一番に食べ終えるようにする。返却の見本を示すためだ。そのために、ちょっとだけパンを残したりもする。パンの返し場所を教えるためである。

子どもたちが返却を始めると、給食台の所に立ち、チェックをする。チェックというのは、「褒める」ということである。上手にできた子を取り立てて褒める。

「〇〇くん、上手だな。こういうふうにするのですよ。」それが行動基準となり、他の子も褒められようと真似をするようになる。教師は、「よし。よし。」と通過させていけばいい。

上手にできるようになったら、チェック当番をつくり、子どもに任せても良いだろう。

六　ゴミ袋は班ごとに回していく

最後に、牛乳のキャップや麺の袋などを片づけるおすすめの方法を紹介する。

ゴミ袋を給食台などに貼ると、入り切らなくなったビニル類があふれ落ちてしまう。ゴミ袋を班ごとに回していき、各自が順番に入れるようにするとよい。こうすれば、ゴミが床に落ちたままになることがほとんどなくなる。

（熊谷博樹）

10 中学年の給食指導 陥りやすい失敗

中学年はギャングエイジといわれる。

給食時間には友だちとしゃべったり、立ち歩いたりと落ち着きがない子どもが多い。

ここでは、中学年の教室でよく見られる失敗例をいくつか取り上げて、その原因について考える。

一 おかわりの時間になるとトラブルになる

「俺のほうが早かっただろ!」

「飲み込んだのは僕のほうが早かったよ!」

こんな言い争いが、週に2回も3回も起こることがある。

ギャングエイジなので、争いはつきものであると決めつけていいのだろうか。

むしろ、トラブルの原因は、おかわりのさせ方にある。

早く食べ終わった人からおかわりをさせていた

のである。トラブルを生むようなおかわりのシステムが悪いのである。

向山洋一氏は、次のように言う。

> 「食べ終わった人からおかわりをする」という制度はとらない。こうすると、弱肉強食になる。
>
> 『教え方のプロ・向山洋一全集34 ささやかな場面での子どもとのつきあい方』向山洋一著(明治図書)

給食時間のおかわりを楽しみにしているのは、食べるのが速いやんちゃ坊主だけではない。

食の細い子だって、好き嫌いの多い子だって、「おかわりしたい!」と思っている。

どの子も公平におかわりができるように仕切るのが、教師の役目なのである。

二 子どもによって、残していい給食の量が違う

「先生、給食残していいですか。」と子どもたちが聞いてくる。

ある子には、「一口食べなさい。」と言い、ある子には、「半分までは食べなさい。」と言う。

このような指導を続けていくとどうなるか。

「○○ちゃんは、嫌いなもの一口でいいんだ。俺は半分食べなきゃいけないのに。ずるい。」

そのように思う児童がだんだんと増えていく。

やがて、クラスの大半の子どもたちが、教師を信頼しな

くなってしまう。

原因は何か。

1人1人に違った言い方で対応をしていた

ということである。

ここで、大切なのは、

質問に対する答えは、全員の前で答える

ことである。

教師は、言うまでもなく学級の統率者である。

それは、給食を残す場面にもあてはまるのである。

三　子どもからおかずの量への不満が出る

子どもたちに配膳を完全に任せていると、次のような不満が出てくることがある。

「先生、何で僕だけお汁の量が少ないの?」

「A君、お団子の数が多くてずるい!」

明らかにおかずの量が違えば当然のことである。

原因は何か。

教師が汁物を注いでいない

からである。

子どもたちから量の多い少ないで不満が出るのは、たいてい汁物である。

教師が汁物を注ぐから、量を大体同じにすることができ、子どもからの不満も出なくなるのである。

それでも子どもから不満が出るようだったら、次のように言う。

「まわりの人と比べて、自分のおかずが少ないと思ったら、持ってきなさい。」

明らかに多いのに、もっとついでもらおうと持ってくるやんちゃな子もいる。

そのときには、他に持ってきた本当に少ない子と教師が取り替えてやればいい。

自分のおかずが、他の人より少ないと思って、持ってきているのである。他の人と取り替えられても、文句を言うことはできない。

一度、このように対応しておくと、やんちゃな子も注がれたおかずの量に対して、不満を言わなくなる。


（津下哲也）

▼▼▼ 掃除をはりきってやりたくなるシステムづくり

11 中学年 掃除指導のシステムづくりのポイント

一 掃除の分担を明確にする

子どもにとって掃除がうまくできない理由のひとつに、「自分の分担がよく分からない」ということがある。

掃除のグループ分けをして、担当の場所を割り振るだけでは子ども達には伝わりにくい。

掃除の分担をはっきりさせるためのコツは、

掃除場所での役割分担を細かく分けて示す

ことである。

例えば、玄関ロビーを3人の子が担当する場合は、

玄関ロビー……A君・Bさん・Cさん

という分担では、掃除を頑張る子と掃除をしないで済ませる子が出てくる。

もう少し分担を細くして、

玄関ロビー　靴箱の右側をはく……A君 靴箱の左側をはく……Bさん 靴箱の中をはく　……Cさん

という分担にすれば、自分の役割がはっきりして3人とも責任をもって掃除をしやすくなる。

二 掃除の仕方を教える

活動的な中学年の子ども達である。頑張って掃除をしている子は多い。

しかし、床にまだゴミが残っているのに雑巾でふいたり、机を移動させるときにせっかく掃いたゴミを戻してしまったりと、掃除の仕方が上手でない場合が多く見られる。

効率よく、きれいになる掃除の仕方や手順を教える必要がある。

例えば、次のようなことを指導したい。

【教室】
・床を掃くときは、隅から掃き始める
・机や椅子を移動するときは、ゴミが戻らないように持ち上げて動かす
・壁ぎわの床は、ほうきの向きを変えながらゴミが残らないように掃く
【靴箱】
・上から下へ掃除をしていく
【トイレ】
・床のゴミをしっかりはき取ってから、水を流して磨く

「できてあたりまえ」と思えるようなことでも、特に学年の初めの頃はしっかり指導しておきたい。

また、掃除の手順を目に見えるように掲示しておくのもひとつの方法である。

三　チェックをし、道具をきちんと片付けさせる

場所の分担をし、掃除の仕方を教えただけでは、掃除指導は徹底できない。

きちんとできているかを教師がチェックする必要がある。

チェックの方法としては、掃除が終わった子が教師に知らせる。そして、教師が見てOKを出したり、やり直しを指示したりする方法が一般的であろう。

学年の初めの頃は厳しめにチェックすれば、子ども達も「きちんとしなくてはいけないな」と思う。

また、**掃除道具の整理整頓**も忘れずに指導しておきたい。

掃除は一生懸命にするのだが、ぞうきんが床に落ちていたりと、最後の片付けがおろそかになることが多いので注意が必要である。

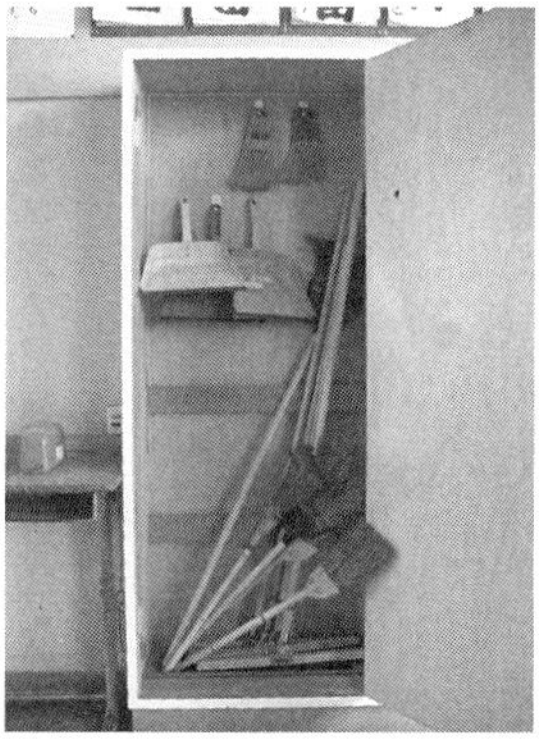

（熊谷直樹）

12　掃除指導　さぼる子をなくすチェックシステム

一　チェックがなければ

子ども達の掃除はいい加減になる。
掃除の時間に、次のような場面をよく目にする。

> グループの中の真面目な数人だけが掃除をし、他の子は遊んでいる。
> 見回りの教師が来ると、ほんの少し掃除をするが、教師がいなくなると、また元のように遊び始める。

あるいは、次のようなこともある。

> 見回りの教師が指導した後、「また見に来るからね」と告げて他の掃除場所へ行く。
> だが、他の掃除場所で指導をしているうちに、もとの掃除場所を確認するのを忘れてしまう。

このようなことが続くと、子ども達は「掃除をさぼっていても先生には分からない」「先生は確かめにこないからさぼれるな」と思うようになる。

教師の適切なチェックがなければ、子ども達の掃除は次第にいい加減になってくるものである。

二　教師がチェックできるシステムをつくる

先生が見ていないと思えば、子ども達の掃除はいい加減になり、「掃除をしたが、ゴミがたくさん残っている」という状態になる。

だからといって、教師がさぼりそうな子のいる掃除場所にはり付いて、「あれもダメ、これもダメ」といちいち注意していては、子ども達はやる気をなくしていく。

そもそも、普通はいくつかの掃除場所を見ることになっているので、ずっと一つの掃除場所にいるのは不可能である。

そこで、次のようにする。

> ①　掃除が終わったグループは、教師に伝えに来る。
> ②　教師は、子ども達が一番手を抜きそうなところをチェックする。
> （例えば、教室なら、隅っこのところ。「ここができていれば、他のところもきちんとできている」と考えられるというところをチェックする。）

教師があたふたと見て回るのではなく、子ども達にチェックを受けさせるようにする。

こうすれば、忙しく動き回らなくても、すべての掃除場所をチェックすることができる。

教師にも余裕ができ、子どもの目が届きにくい気になる箇所を掃除したり、褒めて回ったりすることができる。

また、チェックの方法は次のようにするといい。

チェックは、1回の掃除で1回だけとする。

1回の掃除で何回もチェックを受けられるようにすると、子ども達の緊張感がなくなる。

合格できるチャンスが制限されることで、子ども達も必死になる。

きちんと掃除ができていなければ、当然、残ってでもやらせる。

なお、この掃除チェックの方法については、掃除の前に全員に伝えておくことが必要である。

三　時には、「一斉チェック」で変化をつける

いつも同じ方法では、次第にマンネリ化する。

そのようなときには、教師が掃除の時間の後、すべての場所を見て回り、5時間目の授業の最初に結果を発表する方法も効果がある。

「チェックの結果を発表します。合格は……、A班!、B班!……」

こうすれば、掃除がきっかけでクラスが盛り上がる。

四　子ども同士でチェックポイントを伝達させる

私のクラスでは、掃除場所を交替させるときには、

その場所の前の担当の子が、1人コーチにつく

ことにしている。

コーチ役の子は、次の担当の子ども達に掃除の仕方を教える。コーチをつけるのは、2~3日でよいだろう。

コーチ役には、やんちゃな子が向いている。不思議なことに、去年までは掃除をさぼっていたような子が張り切ってコーチをするものである。

子ども達は、「ここが掃除できていないと、合格できないよ」とアドバイスし合って掃除をするようになる。


（熊谷直樹）

13 教室掃除 大人数でもこうすればさぼる子がいなくなる

低学年や中学年の掃除場所は、ほとんどが教室とその周りである。

つまり、たくさんの人数でひとつの場所を掃除するようになる。

これが結構難しい。

たくさん人数がいれば、どうしても「お客さん」が出てきてしまう。何もやることがない子が出てくるのである。

こうなると、次第におしゃべりが始まり、さぼる子が出てきてしまう。

そして、教師が子どもたちを怒鳴るようになる。

これが、よくある光景である。

そうならないために、私は次のようにして教室掃除を行っている。

> 教室の中をさらに細かく区切り、それぞれの場所の分担を決める。

一 全部で8つに区切る

私のクラスでは、次のように場所を区切っている。

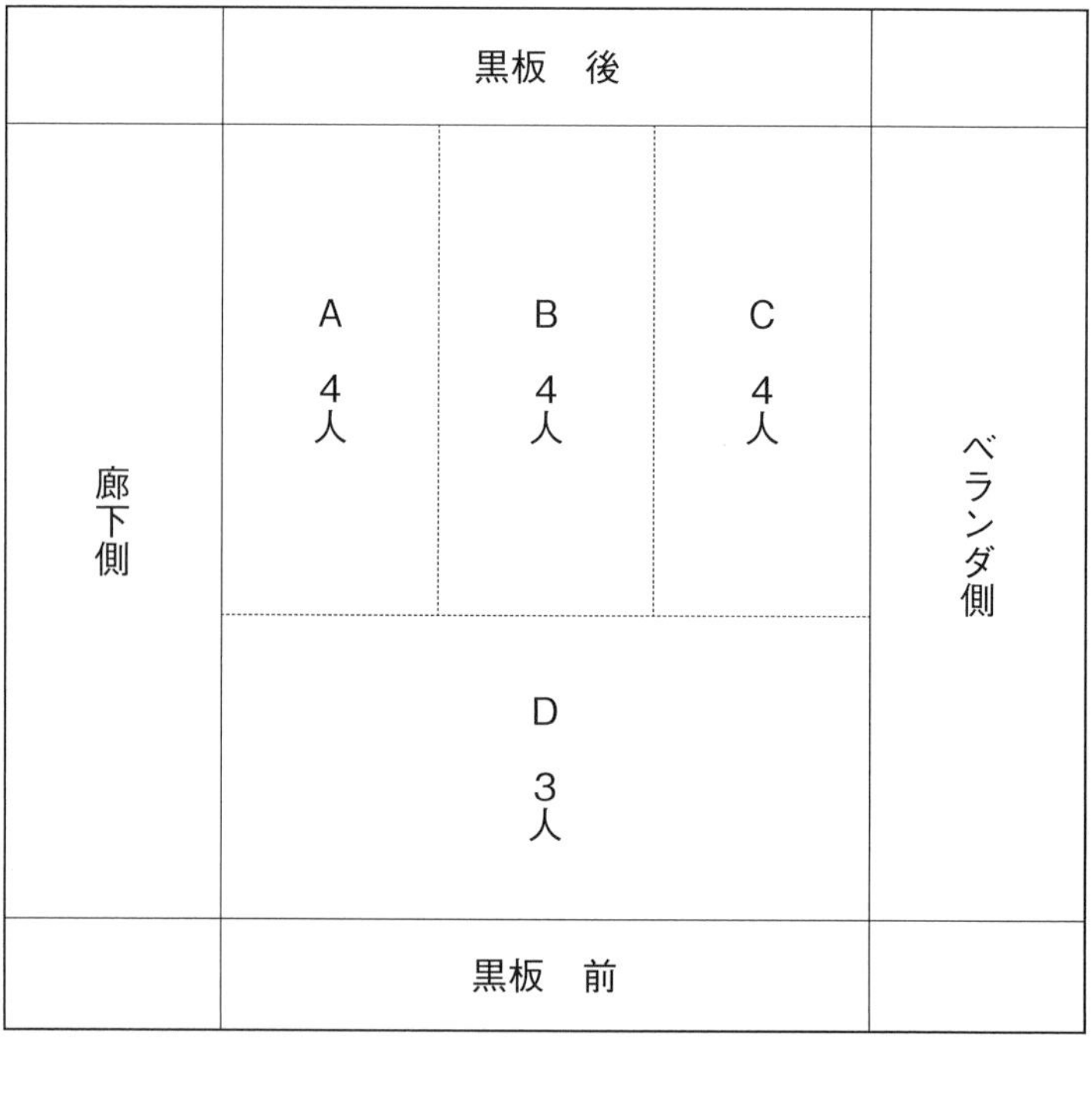

まずは、教室を4つのエリアに分ける。

A～Dのように、それぞれの場所を確定する。

A～Cは、「ほうき1人」「ぞうきん2人」「机はこび1人」の4人とする。

Dは、机がないので3人。「ほうき1人」「ぞうきん2人」とすればよい。

これで、教室掃除が15人となる。

ここで大切なことは、エリアを分けたら、「自分の場所だけを掃除する」ということである。限定されているからこそ、子どもたちは頑張って取り組もうとする。

これを「できたところを手伝いなさい」「時間いっぱいやりなさい」というと、子どもたちのやる気は次第に失われていく。

「終わったら、教室の中で過ごしていいですよ」と言うから、必死で取り組むようになるのである。

二　教室の中でさらに担当をつくる

私のクラスは、40人学級である。

したがって、教室を15人で担当しても、まだまだ子どもたちの掃除場所が足らない。

そこで、他にも分担をつくっている。

まずは、「黒板」である。前と後の黒板で合計2人。

次に、教室の壁を分担している。前・後・廊下側・ベランダ側というように割りふる。それぞれの壁際にあるものは、基本的に全てその子が担当する。

例えば、ロッカーがあれば、担当の子がきれいにする。棚があれば、棚も担当する。

ここで、4人が割りふれる。

さらに、「学級文庫担当」1人。「窓のさん担当」2人を決めておく。

窓のさんは、普段はなかなか掃除をしないところである。放っておくと、ものすごく汚くなる。ここに担当をおけると、いつもきれいな状態になる。

このように分担を細分化することで、大人数でもやることがはっきりし、さぼる子もいなくなる。

ここまでで、教室の中だけで24人をふり分けることができたことになる。

他にも「廊下」や「階段」、「靴箱」、「流し」なども同じように細分化するとよい。

例えば、流しは、右と左の2つに分けて、「どっちがきれいになるか毎日競争ですよ」と言っている。

おかげで、排水溝のところまで、いつもピカピカの状態である。

やり方次第で、大人数でも遊ぶ子はいなくなり、子どもたちは掃除に熱中して取り組むようになる。

（小野隆行）

14 教師の目の届かない掃除場所指導「廊下・流し」編

教室以外の掃除場所は、どうしても教師の目が届きにくくなる。教師がいなくても、きちんと掃除をさせるポイントは次の二つである。

> ① 使う道具・する仕事を明確にする
> ② 教師がチェックする

一　使う道具・する仕事を明確にする

誰がどの道具を使うのか、誰が何の仕事をするのかを、細かめに決めておく。

決めておかないと、毎日掃除道具の取り合いになったり、誰も掃除をしていない場所が出てきたりする。

例えば、掃除ができていないのでやり直しをさせようとしても、誰に指示すればよいのかが分からない。

分担を決めたら、掃除道具入れに分担表を貼っておく。

さらに、誰が当番になっても廊下・流しの掃除ができるように、掃除の手順も書いておく。

例えば、次のように書いておく。

> ① 窓を開ける
> ② ほうきで掃く
> ③ ぞうきんで拭く
> ④ 流しをきれいにする
> ⑤ 掃除道具を片付ける
> ⑥ 窓を閉める

廊下をほうきで掃く方向や、ぞうきんで拭く方向もどのようにするのかを決めておく。

また、担当場所を交代するときに、メンバーの半分ずつを交代させるという方法もある。

前からしていた子が、新しく担当になった子に掃除の仕方を教えてあげる。

こうすれば、当番が変わるたびに教師が指導しなくてもよいので助かる。

そして、掃除が終わったら何をするのか決めておくのも大切である。

放っておくと、子ども達が遊んでしまうこともある。

学校によっては、「掃除は時間いっぱいする」という決まりになっているところもあり、廊下の掃除が早く終わったからといっても、あまり自由にさせるわけにはいかない。

そこで、早く終わったら何をするかを決めておく。

例えば、「時間がくるまで窓拭きをする」「教室に返って手伝いをする」、あるいは「教室で本を読んで待つ」のようにルールを決めておく。

二　教師がチェックする

けれども、分担やすることを決めただけでは、子ども達がいいかげんに掃除をしてしまうことがある。

子ども達が「できた」と言うので見に行ったら、全然きれいになっていないということもある。

そこで、教師がチェックすることが大切になる。

あらかじめチェックポイントを決めておき、子ども達にも伝えておく。

例えば、廊下なら、「給食や図工、書写の時間などにできた汚れのシミが残っていないか」ということである。

給食のシミや、絵の具、墨が、廊下に汚れのシミとして点々と残っているととても汚く見える。

汚れが残っていたら、きれいに拭かせる。

流しなら、「流しのまわりに水がこぼれていないか」ということである。流しから水がこぼれていると、すべって危ないということも伝えておく。

掃除が終わったら、教師に報告に来させる。

教師は、チェックに行く。最初は、厳しくチェックする。

そして、やり直しができたら、「とってもきれいになった。ありがとう」とほめる。

これを繰り返すうちに、毎日チェックしなくてもきちんとできるようになってくる。

三　廊下・流しをもっときれいに

1階の廊下で入り口に面しているところは、マットをしいていることがある。このマットをきれいにするには、ガムテープを使うとよい。マットについて取れにくい糸くずや髪の毛がきれいに取れる。

また、廊下の壁が足形などで汚れている場合もある。白い壁についた汚れは、結構目立つ。壁の汚れは、洗剤をつけたスポンジでこするときれいに取れる。また、水だけできれいになるスポンジなども非常に有効である。

また、流しの排水溝をきれいにするには、歯ブラシや割り箸を使うと便利である。使い古した物でいいので用意しておきたい。ゴム手袋も用意しておくと、子どもが嫌がらずに掃除に取り組むようになる。


（三浦広志）

15 教師の目の届かない掃除場所指導「下駄箱」編

「下駄箱」掃除は、なかなか教師の目が届きにくい。子ども達の靴を扱う掃除場所であるために、トラブルなども発生しやすい掃除場所である。

一 複数で掃除をさせる

まず、言っておきたいことは、

必ず複数で掃除をすること

である。靴隠し等のトラブルがないためにも、複数が良い。
また、できれば、

男女1名ずつ担当させる。

男女を混ぜておくと、もし万が一靴にいたずらをした場合に、もう片方の人が教えてくれる。抑止力にもなる。

二 下駄箱の掃除指導のポイント

① 使いやすい道具を準備する
② 掃除の仕方をきちんと指導する
③ 教師がチェックする

三 使いやすい道具を準備する

私の勤務校では、ほうき・ちりとり・雑巾の三つのセットで掃除をすることになっている。

ほうきは、手ぼうきでも良いが、写真のように自在ぼうきを先だけにしたものが広くはけて便利である。

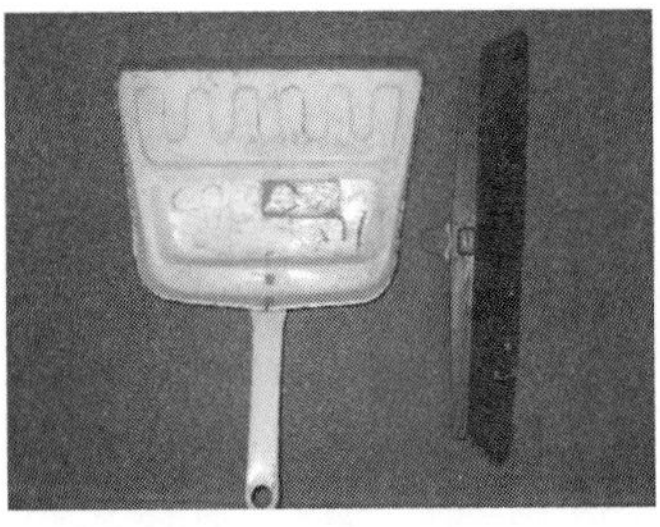

四 掃除の仕方をきちんと指導する

学校によって様々なかたちの下駄箱があるが、

上から順に掃除していく

のが基本である。
はじめに、一番上の段の靴を全て出し床に置いていく。

上の写真のように、靴を置いていた位置の真下の床に靴を置くようにすると、戻すときに間違えることが少ない。

次に、一番上の段を横に向けてはいていく。

自在ぼうきで端にゴミを集めていき、ちりとりを使って取る。ゴミを取ったら、雑巾できれいに拭く。そして、靴を下駄箱に戻す。

一番上が終わったら、左の写真に示したように、次は2段目・3段目と同様に掃除をしていく。

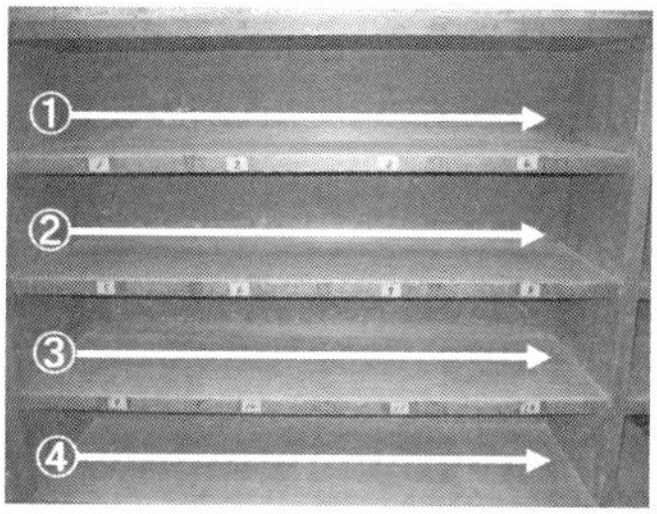

【一番上の段】
・靴を出す
・ほうきでゴミを取る
・雑巾で拭く
・靴を戻す
【2段目】
・一番上の段と同じ

という手順で掃除をしていくときれいになる。

子ども達には、「下から掃除をすると、上の段のゴミや砂がせっかくきれいにした下の段に入ってしまう」と趣意説明をしながら指導をするとよい。

靴やシューズを戻すときには、下の写真のようにかかとを下駄箱の端にそろえるように置かせる。また、靴の裏についた砂を落とさせるとさらにきれいになる。

下駄箱の中が終わったら、下駄箱の上（クラスの表示をしていることが多い）もきれいに拭く。

最後に下駄箱のまわりの掃除をする。砂がたくさん散らばっている。

五　教師がチェックする

掃除の仕方を指導しただけでチェックをしなければ、掃除は次第にいい加減になっていく。目の届きにくい場所だからこそ、きちんとできているかをチェックして、丁寧にできていたらしっかりほめたいものである。

また、きれいに掃除できていることをクラスの子ども達にも紹介するのも効果がある。友達にも認められ喜ばれることで、さらにやる気を出して掃除をするようになる。

（畦田真介）

16　教師の目の届かない掃除場所指導「階段」編

一　階段掃除の仕方

階段掃除では、次のことを指導する。

① 上から下へ掃除する（ほうきで掃く、雑巾で拭く）
② 壁の方へ向かって掃除する
③ 壁際の端にゴミを集めてから下へ送る
④ 踊り場でゴミを集める

① 上から下へ掃除する

あたり前のように思えるが、上から下へと掃除することを教える。

1段ずつていねいにほうきで掃いたり、雑巾で拭かせたりする。

② 壁の方へ向かって掃除する

壁の方へ向かって掃いたり拭いたりする。反対に壁の方から掃くと、ゴミが階段の隙間から下の階へ落ちてしまう。例えば、せっかく掃除をした2階に、3階からゴミが降ってきたということもおこりうる。

③ 壁際の端にゴミを集めてから下へ送る

ゴミを端に集めてから、下へ送るようにすると、きれいに掃除できる。

そうすると、常に端にゴミが溜まっている状態になる。

下の段に移った時は、その段にあるゴミだけを集めればよい。

もし、そうしなければ、1段ごとにゴミを集め直さなければいけなくなるので二度手間になる。

隅に溜まった小さなゴミがなかなかほうきでは上手く掃くことができないときは、ガムテープを使うときれいに取ることができる。

④ 踊り場でゴミを集める

下への段へ移っていくうちに、だんだんゴミが溜まってくる。
集めたゴミは、踊り場で集めるようにするとよい。

二　2人ペアで行う

階段は場所が狭いので、一度に多くの人数がほうきで掃くよりも、2人ペアを組んだ方が早くきれいに掃除ができる。

1人がほうきで掃いて、もう1人が掃いた後を雑巾で拭きながら追いかけていくのが能率がよい。

人数が多い場合は、踊り場から上と下と2つのチームに分けてもよい。

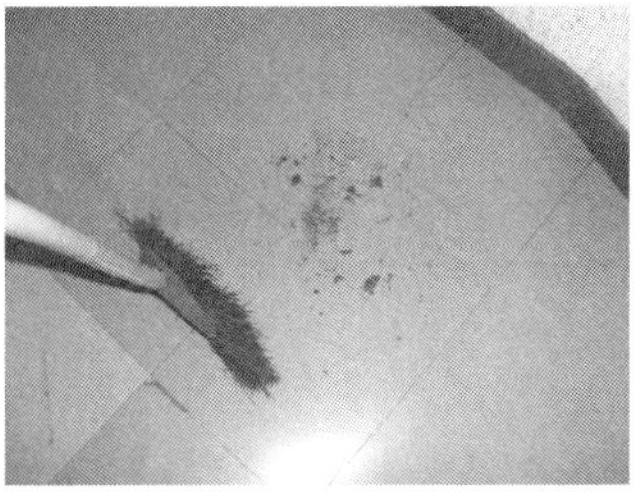

雑巾で拭く時も掃く時と同じように、1段ずつていねいに拭いていく。

隅にゴミが残りやすいので、指先を使っててていねいに拭くように指導する。

また、階段についている滑り止めもゴミが溜まりやすい所である。ここもていねいに掃除をさせる。

三　教師が確認をする

掃除が終わったら、教師が確認をする。

ゴミが落ちていたり、汚れのシミが残っていたりするのは、もちろんやり直しである。

気を付けたいのが、

手すりの下

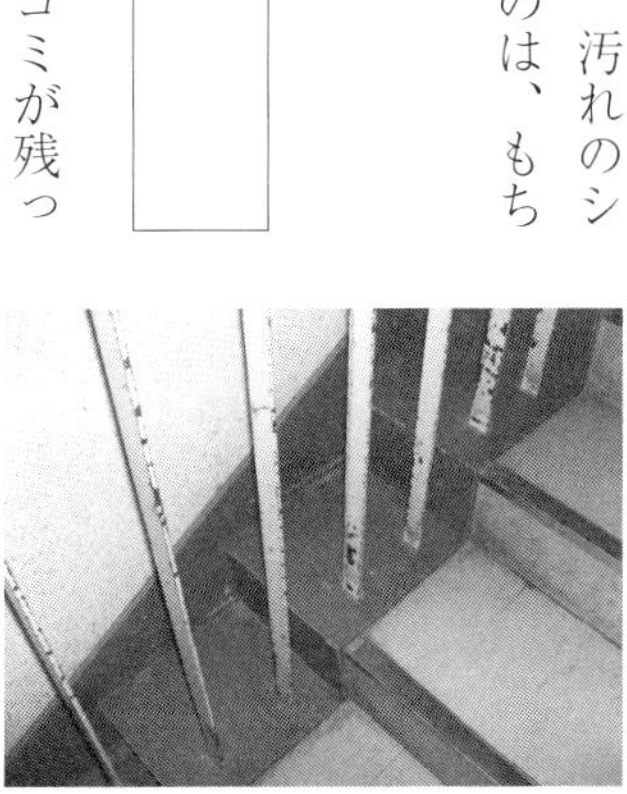

である。手すりの下にゴミが残っているのをよく目にする。手すりの下の部分は、ほうきも届きにくいからである。

教師の目がなかなか届きにくい階段掃除は、最初のうちは、隅にゴミが残っていないか、汚れのシミが残っていないかなど、あえて厳しく確認をしておく。

一緒にやり直しをしながら、「ほら、とってもきれいになったでしょ。」ときれいになった様子を見せることで、次第に上手に掃除できるようになってくる。

また、時には全体の前で頑張っている様子を紹介してあげると良い。

「ほら、手すりの下なんていう細かい所まで一生懸命掃除ができていて、すごいでしょ。」などのように紹介してあげると、さらに励みとなる。

（三浦広志）

17 けんかにならない掃除当番の決め方

一 役割は細かめに決める

掃除当番を決めるときに、次のようなことはないだろうか。

> 掃除場所を班で割り振って、掃除場所ごとの細かい仕事の分担は班で決めさせる。

このままだと問題が起こることが多い。

班の中で力の強い子がほうきを使い、おとなしい子が雑巾がけばかりをさせられる、ということが起こりがちになる。

また、ほうきを使いたいという子同士でけんかになることもある。

けんかをさせまいとして、毎日毎日じゃんけんでだれがほうきを使うかを決めているクラスもあるそうだ。

これでは、一向に掃除ははかどらない。

掃除当番を決める段階からトラブルを起こしたくはない。

このようなトラブルを防ぐための掃除当番の決め方のポイントは、

掃除場所だけでなく、ほうきを使う人、雑巾を使う人など、役割まで細かめに決めること

である。

左頁の表では、担当する掃除の場所だけでなく、使う道具も1人ずつ記入されている。

ほうきを使う子、雑巾を使う子などがあらかじめ決められている。

時間が来たらスムーズに掃除に取りかかることができる。

二 グループを解体し、役割を順番に交代する

多くの人は、「掃除場所はグループで交代していくもの」と考えている。ここで、発想を変えてみる。

掃除のグループを解体し（掃除のグループはつくらずに）、1人ずつの役割を順番に交代していく

という方法もある。

やり方は次の通りである。

> ① クラスの人数分の役割を設定する
> （クラスが担当している全部の掃除場所を考慮に入れて、必要な仕事を選ぶ）

●第1週

1	教室床はき	男子A
2	教室床はき	女子A
3	教室床はき	男子B
4	教室床はき	女子B
5	教室床はき	男子C
6	教室床ふき	女子C
7	教室床ふき	男子D
8	教室床ふき	女子D
9	教室床ふき	男子E
10	教室床ふき	女子E
11	教室ロッカー	男子F
12	教室ロッカー	女子F
13	教室黒板	男子G
14	廊下はき	女子G
15	廊下はき	男子H
16	廊下はき	女子H
17	廊下はき	男子I
18	トイレ	女子I
19	トイレ	男子J
20	トイレ	女子J
21	トイレ	男子K
22	トイレ	女子K
23	トイレ	男子L

●第2週　全員が一つ下の役割にうつり、「男子L」の子が1番の役割にうつる

1	教室床はき	男子L
2	教室床はき	男子A
3	教室床はき	女子A
4	教室床はき	男子B
5	教室床はき	女子B
6	教室床ふき	男子C
7	教室床ふき	女子C
8	教室床ふき	男子D
9	教室床ふき	女子D
10	教室床ふき	男子E
11	教室ロッカー	女子E
12	教室ロッカー	男子F
13	教室黒板	女子F
14	廊下はき	男子G
15	廊下はき	女子G
16	廊下はき	男子H
17	廊下はき	女子H
18	トイレ	男子I
19	トイレ	女子I
20	トイレ	男子J
21	トイレ	女子J
22	トイレ	男子K
23	トイレ	女子K

② 人数分の役割を、エクセルの表に縦に並べる
③ 役割の隣に、子どもを配置する
（出席番号順に男女交互に配置するとよい）
④ 役割は2週間程度で交代する
（次の週は、表の一つ下にある役割をする）

この方法であれば、1人1人の子どもの役割が明確になり、トラブルが起こる可能性がぐっと少なくなる。

また、表をつくる際は、できれば同じ仕事が続くようにすると良い。毎週掃除内容が変わっていたのでは、毎回新しい掃除内容を教えなければならない。できるだけ、同じような仕事内容が続く方が良い。

または、少なくとも数人が前回掃除をした同じ場所になるようにする。そうすることで、効率のよい掃除の仕方を知っている人がその場所に残るようになる。前の人が次の人を教えるようにしていくと、毎回掃除の内容を教師が教えなくて済む。

このように、掃除当番表にも工夫をすることで、教師の労力を減らすことができる。

（畦田真介）

18 早くて簡単！掃除当番表のつくり方

一 当番表をつくるのは大変？

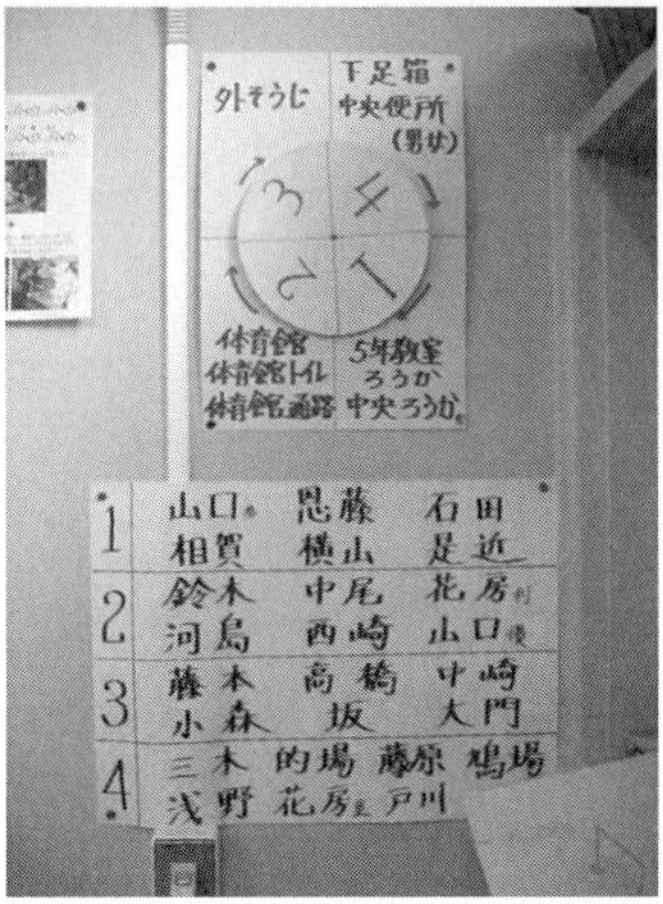

掃除当番表と聞いて、写真のようなものを思い浮かべる方は多いであろう。

画用紙を丸く切ったり、マジックで字を書いたりと、1枚の当番表をつくるのにも、結構時間がかかる。

私も以前は、手づくりできれいなものをつくろうとして、それだけで貴重な1日を費やしてしまったこともある。

忙しい学年はじめである。掃除当番表や給食当番表をつくるのに多くの時間はかけられない。

ここでは、もっと早くて簡単な掃除当番表のつくり方を紹介する。

二 パソコンでつくると早くて簡単

私は掃除当番表をパソコンを使ってつくっている。パソコンを使うと、次のようなよい点がある。

① 簡単につくることができる

パソコンを使えば、表を簡単につくることができる。掃除場所や仕事、子どもの名前もどんどん打ち込んでいく。文字の色や形や大きさも自由自在に変えられる。できたら印刷して、台紙に貼り付ければ完成である。

左のページの当番表は、私が作成したものである。低学年を担任しているのでカットを入れているが、中学年以上なら文字だけの表で十分である。

② 何度でもつくり直せる

当番表の枠は一度つくって保存しておけば、何年も使うことができる。

また、学年の途中でつくり直すのも簡単にできる。学年はじめに子どもの様子がよく分からない状態で当番表をつくり、後でメンバーを変えたいと思ったり、掃除場所の人数を変えたいと思ったことはないだろうか。

そんな時でも、簡単につくり直すことができる。

③ 一度に何枚でもつくることができる

印刷すれば、何枚でも同じ当番表をつくることができる。

また、子どもの名前を打ち変えるだけで、他のクラスの当番表もすぐにつくることができる。

　私は、学年5クラスの当番表を一度につくった。

そうじ当番表

おしごと	なまえ	おしごと	なまえ
きょうしつ ほうき	あかぎ	ろうか	こもり
	やまだ		ささき
	あんどう		しもむら
	いとう		こんどう
	たかはし		つつみだ
きょうしつ ぞうきん	あさの	そとそうじ	のざか
	すずき		なかしま
	いのうえ		はむら
	くらた		もりとう
きょうしつ はこぶ（つくえふき）	うえだ	トイレ	はやし
	きし		みながわ
	くしだ		ふくしま
	つちや		いしはら
きょうしつ はこぶ（まどふき）	こだま	こくばん くつばこ ごみすて	ふなと
	こが		むこうだ
	こなか		まるやま
	わかい		ならはら

三　凝りすぎず、シンプルに

　パソコンを使えば、手軽に当番表をつくることができる。だが、きれいなものをつくろうとして、さまざまな機能を使おうとするとかえって時間がかかる。

　不必要な飾りはなしにして、シンプルなかたちにした方が、結局は子どもにとっても分かりやすい表になる。


　また、あまり大きい当番表だと掲示しにくくなってしまう。

　子どもが見て分かればよいのだから、Ｂ４（八切りの画用紙）程度の大きさでよいであろう。

四　当番表は掃除道具入れの近くに掲示

　つくった当番表は、掃除道具入れの近くに掲示する。

　子ども達が掃除道具を取りに行くたびに、自分の掃除場所や自分の仕事を確認できる。

　パソコンでつくった当番表なら、印刷すれば同じものを何枚でもつくることができる。
　可能ならば、教室だけでなく、廊下やトイレなどクラスで担当しているそれぞれの場所の掃除道具入れの近くに掲示しておくとよい。

（三浦広志）

19 子どもが帰った後の教室をゴミ0にする方法

一 新卒教師の教室は乱れている

子ども達が帰った後の教室を見ると、その教師の指導力がよくわかる。

新卒教師の教室は、だいたい次のような光景である。

- ・鉛筆が、何本も床に転がっている
- ・ロッカーからは、体操服が落ちかかっている
- ・机は、あちらこちらに向いている
- ・机から出ている椅子が、いくつもある
- ・そして、あちこちにゴミが落ちている

私も最初はこうだった。子ども達の帰った後の教室は、いつもグチャグチャだった。

「教室が汚い」と怒鳴ったこともあった。次の日の朝、落とし物をしている子を注意したこともあった。しかし、それでもきれいにはならなかった。

子ども達が帰った後、毎日毎日掃除をした。

二 帰りに「掃除タイム」を設ける

自分の教室は汚いのに、同じ学年の隣のクラスはいつもきれいだった。どうしてきれいなのか聞いてみると、帰りの会で「掃除タイム」をとっているとのことだった。

帰る前に全員で掃除をすれば、確かにきれいになる。

しかし、やっていて困ることもあった。例えば、次のようなことである。

① 時間がかかる
② トラブルが起こる
③ 遊ぶ子が出てくる

ほうきの取り合いでトラブルになる。時間をかければかけるほど、遊ぶ子が出てくる。おしゃべりが始まり、余計に時間がかかるようになる。

このような状態になり、少しやり方を変化させてみた。

まずは、時間で区切ってみた。

3分間できれいにします。

このように言うと、遊ぶ子がいなくなり、いつもより短い時間で、教室はよりきれいになった。

また、拾うゴミの数を指示する方法も効果があった。

1人、10個ゴミを拾いなさい。

することがはっきりしているので、どの子も急いでゴミを拾うようになった。

これらの方法に共通しているのは、次のことである。

どこまですればよいのか、見通しがもてる。

同じ「帰りに掃除をする」ということでも、見通しをもたせることで、子ども達の動きは全然違うものになった。

三　教師が指示しなくても教室がぴかぴかに

見通しをもたせることを応用すれば、教師が指示しなくても、教室をピカピカにすることも可能となる。

私は、帰る前に子ども達に次のように言う。

じゃあ、できた列からさようなら。

この言葉で、子ども達は一斉にゴミを拾い出す。

そして、あっという間にきれいになる。

このようになるのは、次のルールがあるからである。

自分達の列がきれいになれば、帰ることができる。

1・2列は左側、3・4列は真ん中、5・6列は右側というように、子ども達の席で教室を3等分している。

子どもは早く帰りたいのである。だから、一生懸命取り組もうとする。

できた列は、「できました」と教師に報告することになっている。この時に、大事な指導のポイントがある。

それは、「最初の頃は特に厳しく見る」ということである。私は、ほとんどを不合格にする。

「机が曲がっています」「ゴミが落ちています」「落とし物があります」「ロッカーから体操服が出ています」このように言って、何度もやり直しをさせる。

すると次からは、自分達でチェックし合うようになる。

また、遊ぶ子がいても、自分達で注意するようになる。

この方法なら、教師が一言も注意しなくてもすむ。

しかも、子ども達の帰った後の教室はゴミ0になる。

（小野隆行）

20 中学年がやる気になる掃除のお話

一　イチロー選手の活躍の裏には……

大リーグで活躍しているイチロー選手が、試合後、いつも欠かさず行っていることがある。

たとえどんなに疲れていてもである。

子どもたちに次のように問う。

> イチロー選手が、試合の後、必ずしていることがあります。それは何だと思いますか。

子どもたちからは、いろいろな意見が出る。「ニュースを見る」「その日の記録をつける」「トレーニングをする」といった意見である。また、「お酒を飲む」といったような意見も出る。

答えは、「自分の使った道具の手入れをすること」である。

まずは、バットを丹念に拭う。それを見た記者は、「まるで侍が刀の手入れをするようである」と表現している。

次に、グローブをきれいに掃除し、油を塗る。

最後に、スパイクをほこり一つないくらいに磨く。

これを毎日、行っている。

プロなら当たり前のことかもしれないが、それがきちんとできるからこそ、偉大な記録を達成できるのである。

二　世界一のサポーター

1998年のワールドカップフランス大会での出来事である。

試合のことよりも、日本のサポーターの活躍が大きくフランスの新聞に取り上げられることになった。

いったい、何が起こったのであろうか。

> 1998年ワールドカップフランス大会で、日本のサポーターのことが大きく新聞に載りました。サポーターというのは、サッカーの応援団のことです。何をしたのでしょうか。

実は、日本のサポーターが試合の後、スタジアムのゴミをきれいに集めたのである。

日本のサポーターのこの活動は評価され、フランスの記者は、次のように言っている。

> 欧州ではこんなサポーターの姿を今までだれも見たことがない。今大会でサポーターの名に最もふさわしい行

為をしたのは日本の若者たちだった。

三　ひとつ拾えば、ひとつきれいになる

イエローハットというカー用品の会社をつくった鍵山さんのお話です。

鍵山さんの会社は、以前は10億円以上の借金を抱えていました。しかし、今では１０００億円以上をもうける会社へと変わりました。

何がそんなにも会社を変えたのでしょう。

それは、掃除です。

鍵山さんは１人で掃除を始めました。社長自ら、毎日毎日たった１人で会社の中を掃除しました。トイレもピカピカにしました。

掃除を１人で始めてから10年ほど経った頃、鍵山さんは車もきれいにしようと思いました。

洗車すると分かったことがありました。

それは「洗車をすると交通事故が減る」ということです。「汚れた車に乗っていると、自然に気持ちが乱暴になるのではないだろうか。」と鍵山さんは考えるようになりました。

そして20年後、ついに会社の人みんなが掃除に参加するようになったのです。

このような清掃活動を続けていくうちに周りが「あの会社はいつもきれいだ」「この会社となら取引をしても大丈夫」と見てくれるようになりました。

鍵山さんは、掃除をすると次のような良いことがあると言います。

① 謙虚な人になれる
② 気づく人になれる
③ 感動の心を育む
④ 感謝の心が芽生える
⑤ 心をみがく

今では、「日本を美しくする会」を立ち上げ、日本中をボランティアできれいにして回っています。

〈参考文献〉『掃除に学んだ人生の法則』
鍵山秀三郎著（致知出版社）

（三浦広志）

高学年の教室風景

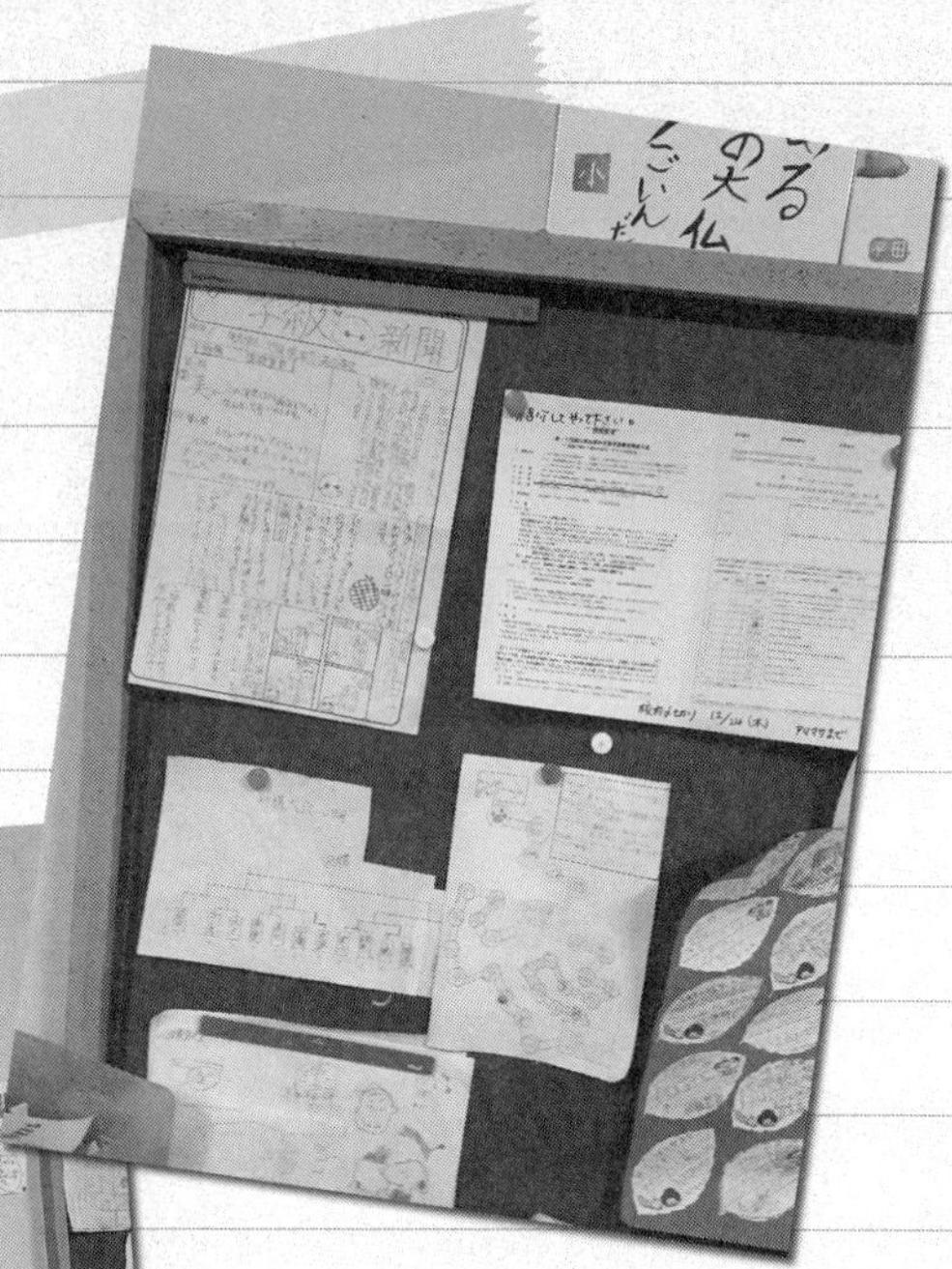

“黄金の1週間”でつくる
学級システム化小辞典

第4章

高学年の教室

〈教師不在OK！　学級システムづくり〉

1人1役で個性が輝く、日直・当番活動

1　朝の会のおすすめメニュー

一　朝の会はシンプルに

よく朝の会を1時間目に入ってもやっているクラスがある。5分の延長でも積み重なれば、ものすごい時間となる。朝の会は、時間内に終わるようにする必要がある。

向山洋一氏は朝の会について、次のように述べている。

> 朝は（朝の会を）やります。必要な連絡事項を明確に述べます。本日の予定や本日伝えなくてはならないことなど、一分から一分半くらいの時間です。（中略）
> ただ、こういうこと（スピーチ、今日のめあてなどをする朝の会）を否定はしません。やった方が意義がある場合もあると思います。
> しかし、長すぎるのは苦痛だと思いますね。五分を超えたら長いです。　※（　）内は、著者の注釈
> 向山洋一著・法則化アンバランス編『学級づくり―集団への対応ＱＡ事典』（明治図書）Ｐ36～37

朝の会は、必要なものだけにして、短くシンプルにする。

例えば、次のようにする。

> 一　あいさつ
> 二　健康観察
> 三　先生からの連絡

学校によっては朝に歌を歌わないといけないところもある。そのような場合は、一番だけを歌うなど工夫をして、できるだけシンプルなメニューにするとよい。

二　朝の会おすすめメニュー

学校によってはきちんと朝の会の時間、何かをしておかなければならないこともある。そのような際には、次のようなメニューを加える。

楽しく、気持ちよく1日を始めることのできるもの

例えば、次のようなものがある。

①『五色百人一首』

特に、五色百人一首はおすすめである。五色百人一首は、百人一首を20枚ずつ、5色に分けたものである。1試合し

ても5分もかからない。やり方もとても簡単だ。五色百人一首を取りに行かせ、10枚ずつに分けさせる。それを5枚ずつ2列に並べさせて、教師が札を読んでいく。子どもは教師が読んだ札を取っていく。

五色百人一首をすると、クラスが知的になる。また、五色百人一首によって、クラスの子どもの仲を深めることもできる。特に高学年になると、男子と女子が互いを意識するようになり、仲が悪くなることがある。しかし、五色百人一首を行うと試合中に手が触れあったり、一緒にゲームをすることで男女の仲も深まっていく。

②『ソーシャルスキルかるた』

ソーシャルスキルかるたもおすすめである。学校生活で必要なソーシャルスキル（社会生活技能）を楽しく学べる優れものだ。100回のお説教をするよりも、かるたで楽しくソーシャルスキルを学んだほうが子どもたちは変化する。五色百人一首と同じように，5色に分かれているので、朝の短い時間で1試合ができる。それぞれの色は、次のようにカテゴリー分けされている。青は学校、桃は学習規律、黄は挨拶、緑は社会生活、橙は対人関係というように、教えたい内容によって使い分けができる。

③暗唱

暗唱もおすすめである。朝、有名な詩文を音読すると、とても気持ちよくスタートできる。また、最近の研究では、音読をすると脳が活性化されるとの報告もある。

高学年の子どもは特に知的なことが大好きだ。詩文の暗唱は知的なので、とても喜ぶ。暗唱する詩文を探すのが大変な場合は、『暗唱・直写スキル』という教材がある。学年別に、暗唱すると良い詩文がたくさん載っている。

（『五色百人一首』『ソーシャルスキルかるた』『暗唱・直写スキル』等の教材のお問い合わせは、東京教育技術研究所　TEL：0120（00）6564　FAX：0120（88）2384まで）

④読書

読書を行うと、集中力がつく、心が落ち着く、クラスが知的になるなどの効果があると言われている。

読書をさせる場合、読みたい本を子ども達に用意させる。ただ、忘れてくる子どもや、持ってきた本を読み終わる子どももいる。そのような場合には、学級文庫の本を読むようにしておく。いろいろな種類の本を学級文庫に用意しておくと良い。

たくさんのことを行うことはできない。子ども達にどのような力を付けたいのかを考えて、選択することが大切である。いろいろやりたいのならば、曜日によってメニューを変える方法もできる。

（畦田真介）

2 おすすめ朝学習のメニュー

一 朝学習のメニュー

多くの学校で10分程度の朝学習が行われている。朝学習の時間、遊んで騒がしくなったり、ぼーっとして決められたメニューをしなかったりする子はいないだろうか。また、朝学習をするが、毎日その処理に追われるような経験はないだろうか。朝学習のメニューは、次のようなものが良い。

① 子ども達から質問が出ず、子ども達が黙々と取り組むことができるもの
② 朝学習の時間で終わるもの
③ 教師が処理をしなくてすむもの

二 朝学習おすすめメニュー

①漢字練習

ただ「ノートに漢字練習をしなさい」では、騒がしくなったり、しない子どもが出てくる。漢字をどれだけ練習するのか、終わったらどのようにするのかをはっきりと示しておくことが大切である。例えば、新出漢字を5つ、漢字ノートに1行分書く。終わった人は、読書をするなどのようにする。

練習した漢字ノートは、子ども同士でチェックさせると良い。教師が全員分を丸付けをすると大変である。朝学の終わり1分前に、お隣同士で間違っている漢字がないかチェックさせるなどすると良い。

②計算練習

計算では、少しレベルを落とした計算問題をたくさんさせる。簡単な計算問題だと、質問が出たり、やり方が分からずにぼーっとしてしまう子どもが少なくなる。次々と解いていくことができるので、子ども達も集中して取り組むことができる。

大切なのは、「終わらなかった子はどうするか」「終わった子どもはどうするか」を指示しておくことである。例えば、終わらなかった子どもには、朝学習の終わり数分前になったら、終わった問題まで答え合わせをする、終わった子どもは読書をするなどのようにする。

答え合わせは、子どもができるようにしておく。答えは人数分用意しておいて、できた子どもから、答えを取って答え合わせをするようにしておくと良い。

また、日直に答えを渡しておいて、答えを全員の前で言わせるようにしておく方法もある。

百マス計算は行うべきではない。発達障害を持つ子ども達の中には、百マス計算の縦と横を合わせることができな

い子が多くいると言われている。

計算ができないわけではない。どのクラスにも発達障害を持った子ども達がいる。そのような子どもでも取り組めるようなものを行うべきである。

③視写

視写は担任がいないときなどには、特におすすめである。子ども達がシーンとなって取り組むことができる。また原稿用紙の使い方や文章力をつけることができる。

視写に最適の教材がある。『うつしまるくん』（光村図書）である。国語の教科書に対応した視写教材がたくさんあり、すぐに使うことができる。また、お手本が書くところのすぐそばにあるので、軽い発達障害を持った子どもも取り組みやすい。「マスからはみださずに書くことができた」などのチェックポイントもページの中に書いてあり、子ども達だけで評価することができる。

④読書

読書を行うと、集中力がつく、心が落ち着く、クラスが知的になるなどの効果があると言われている。

読書をさせる場合、読みたい本を子ども達に用意させると良い。ただ、忘れてくる子どもや、持ってきた本を読み終わる子どももいる。そのような場合には、学級文庫の本を読むようにしておく。

⑤「1分間フラッシュカード」

TOSSが開発した教材で、「1分間フラッシュカード」という教材がある。短い時間に次々とカードを見せていき、重要な語句を暗記させるカードである。都道府県や歴史人物、人体の臓器の名前と働きなど、様々な種類がある。このカードを数種類するのも良い学習になる。毎日続ければ、基礎学力定着に役立つ。（「1分間フラッシュカード」のお問い合わせは、正進社http://www.seishinsha.co.jp/まで）

三　朝学習のチェック

朝学習の時間、担任がいない場合もある。そのような場合は、次のようにチェックすると良い。

1日目。次のように聞く。「今日、朝学習をきちんとやっていた人？」（挙手させる）「えらい！　当たり前のことを当たり前にやる。これは簡単なようでとっても難しいことです。」

2日目。同じように子ども達に尋ね、増えていたら、次のようにほめる。「すごい！　昨日よりも増えましたね。」

このように毎日軽いチェックをし、していた子ども達をほめる。しばらく繰り返すと子ども達は、進んで朝学習に取り組むようになる。

（畦田真介）

3 これだけはダメ 朝の時間に陥りやすい失敗例

失敗例1 職員室にいつまでもいる

職員朝礼が終わっても、いつまでも職員室にいる先生がいる。ゆっくりとお茶を飲んだり、話し合いをしていたりする。

はじめが遅れると、結局やるべきことがあとまわしになり、1時間目の授業が始まってしまう。

焦っているので、大切な連絡を言い忘れたり、配布物を配り忘れたりすることにもなってしまう。

すぐに教室に行く

職員朝礼が終わったら、すぐに席を立ち教室に向かうようにする。職員朝礼がない学校の場合は、出勤印を押したら、すぐに教室へ行くようにする。

失敗例2 朝の会が1時間目の授業に食い込んでしまう

朝の会が延び、1時間目に食い込んでしまうことがある。

問題なのは、朝の会のメニューである。

あいさつ、朝の歌、スピーチ、週目標の確認、健康観察、連絡事項と、多くのメニューを欲張っていないだろうか。

もちろんそれぞれ意義のあるものであるが、全部きちんと行おうとすると時間が延びてしまう。

まずは、絶対に必要なものと、そうでないものに分けてみる。絶対に必要なものとして考えられるのは、次のものである。

あいさつ
健康観察
連絡事項

学校によっては、朝の歌を必ず歌うというように決められている場合がある。しかし、朝から歌を歌えといわれても、体調の悪い子もいるし、家でいやなことがあった子もいるかもしれない。その場合は、一番だけを歌うとか、帰りの会にまわすなど、やり方を工夫して行うようにする。

くれぐれも時間が延びないようにすることに気をつけることが大切である。

失敗例3 長々としたお説教

朝、教室に向かって歩いていると、朝自習の時間が始まっているにもかかわらず、廊下で遊んでいたり、教室の中を走り回っている子がいる。

子どもたちの様子に腹を立て、引きつった顔で教室に入る。そして、いきなり説教が始まる。

「今、何をする時間ですか！」「あなたは、いつもでしょう！」と説教が始まる。つい力が入ってしまい、関係のないことまでもち出してしまう。

高学年のやんちゃな子だと、へそを曲げて話を聞かなくなる。子どもによっては、先生に反抗することだってある。きちんとしていた子まで、いやな気分になってしまう。

毎日続けば、学級崩壊になってもおかしくない。

教室をよく見てみると、必ず時間を守って自習をしている子がいる。

できている子を見つけて、しっかりほめる

朝自習の時間に遅れた教師にも問題がある場合だってある。大人でも、なんとなく調子にのらない日があるはずである。

できなくて当たり前くらいな気持ちでいた方が、心に余裕ができ、気持ちのよいスタートを切ることができる。

また、朝自習の内容が難しすぎたり、よく分かっていない場合も考えられる。

失敗例４　朝自習が騒がしくなってしまう

先生が教室にいない場合、騒がしくなることがある。

主な原因として次のようなことが考えられる。

- 何をやっていいのか分からない
- 早く終わってやることがない

子どもたちが、やることが分かるかどうかを判断する目安は、

プリントを配布した時に、質問がこない

ことである。

次々と質問が来るようなものは、質の悪いプリントである。これは、ドリルなどの教材でも同じである。

おすすめは、『うつしまるくん』である。特別支援を必要とする子どもでも、シーンとなって取り組むことができる。

早く終わった子は読書をするなど、最後の行動まで示しておくことも忘れてはならない。


（藤原能成）

4　超簡単！　休んだ子への連絡をシステム化する

一　連絡帳を朝の時間に書く

私のクラスでは、連絡帳は朝の時間に書くことにしている。

朝の時間に書いておけば、帰りの時間になってあわてることがないし、休んだ子への連絡を忘れることもない。

かつて、次のような失敗を経験した。

＊　　＊　　＊

帰りの時間になって、その日休んだ子への連絡を誰にわたせばいいのかが分からない。

他のクラスまで行って調べてやっと見つかったと思ったら、その子はもう帰っていた……。

また、帰りの時間にあわてていて、休んだ子への連絡を忘れていたこともある。

気が付くと、机の上に連絡の手紙がぽつんと残っている。気付いた時には、もう遅い。

あわてて休んだ子の家に手紙を届けに行ったり、電話でお知らせをしたりした……。

＊　　＊　　＊

しかし、連絡帳を朝書くようにしてからは、帰りの時間にあわてることもなく、そのような失敗はなくなった。

二　誰が連絡の手紙を書くかを決めておく

子ども達は、休んだ子への手紙を書くのが好きである。「誰か書いてくれる人」とたずねると、たくさんの子が「書きたい」と手をあげる。

だが、私のクラスでは希望者制でなく、連絡の手紙を書く担当の子を決めている。

毎回ちがう子が書くよりも、担当の子が書くことにした方が、書き方を覚えているので間違いが少なく、しかも早く書くことができるからである。

慣れてくれば、連絡帳を書き始める時間になると、教師が何も言わなくても担当の子が休んだ子への手紙も書いてくれる。

仮に教師が忘れていても大丈夫である。

三　連絡の手紙の書かせ方

連絡の手紙の用紙は、学期はじめにたくさん用意しておく。紙を置く場所も決めて置いておく。

例えば、次のような雛型を印刷しておくと便利である。

以前、紙ではなく、休んだ子の連絡帳に書かせていたこともある。

だが、保護者から「連絡帳にはプライベートなことも書くので、他の子には見せないでほしい」というクレームを受けた経験がある。

担当の子が手紙を書き終えたら、必ず教師がチェックする。

友達からのメッセージを見て、書いた子には悪気はなくても、誤解をされそうな表記は理由を話して直させる。

チェックをしたら、教師からのメッセージを書く。

への 連絡

月　　日（　）の予定

	教科・内容	
朝学習		
1		
2		
3		
4		
5		
6		
宿題		
持ち物		

友達から

先生から

そして、手紙を書いた子に届けてくれる子のところへ持っていってわたしてもらう。

休んだ子の家に誰が近いかも、子どもの方が正確に知っていることが多い。

四 保護者にも伝えておく

学年はじめには、保護者に次のことを伝えておく。

① 休んだ時には、連絡の手紙を家の近くの子が届けること
② もし次の日の連絡が分からない場合は、時間割通りの用意を持ってくればよいこと

家庭訪問のときなどに、欠席した場合は誰に連絡を届けてもらえばよいかをたずねておくと、連絡の手紙をわたすときにスムーズである。

また、万が一連絡がきちんと届かないこともあることを考え、分からないときは時間割通りの用意でよいことを伝えておけば、保護者も安心である。

（三浦広志）

5 帰りの会は長くやればやるだけ害になる

一 帰りの会は短く

帰りの会は短いに限る。

向山洋一氏は次のように言う。

> 「帰りの会」はしません。理由は、必要ないからです。（中略：三宅）もちろん連絡その他必要なことがありましょうが、それは昼にします。給食の時間などでやればよいのですから。（中略：三宅）
>
> 終わって「さよなら」をしたら、できるだけ早く帰してやりたいと思います。
>
> 出典：『学級作り―集団への対応ＱＡ事典』（明治図書）

「めあての反省」などはしない。

今日反省したところで、明日には忘れているのが子どもである。教師の自己満足で終わってしまう。

また、「今日の反省」と称して、今日あったことの振り返りをさせることがある。

「○くんが掃除をサボっていました」

「△くんが悪口をいいました」

大体、いい意見は出ない。

子どもが言ったことなので、教師はそれに対応しなければならなくなる。

いい加減に済ましてしまえば、それだけ教師の信頼が落ちてしまう。教室の秩序もなくなる。

やればやるだけクラスの雰囲気が悪くなる。自分の首を絞めることにもなる。

向山洋一氏は次のように言う。

> 長すぎるのは苦痛だと思いますね。５分を超えたら長いです。
>
> （前掲書）

さっと終わって元気よく挨拶をして帰らせるに限る。

二 帰りの会に何をするのか

「帰りの会をしない」といっても、「他のクラスがしているのになぜやらないのか」、と指導が入る可能性がある。

時程表に明記されていたら、反論はできない。

そこで、次の内容を行う。

小野隆行氏の追試である。

①整理整とん
②簡単掃除
③当番活動確認
④挨拶

授業終了と同時に次のように言う。

できた列は教えてください。

子どもたちは、①〜③の内容を同時にやり始める。

机や椅子のゆがみやごみが落ちていたら合格しない。

机の横に習字道具や絵の具が掛かっていたら合格しない。

1人1役の当番もしていないと合格しない。

すぐ挨拶ができるように、ランドセルも背負っていないと合格しない。

全てできていたら、教師が列ごとに挨拶をして帰らせる。

やんちゃ坊主ほど、頑張ってやろうとする。

黄金の3日間で徹底して指導しておけば、システムとして確立できる極めて有効な方法である。

もし、学年で帰る時間を揃えるように指導が入れば、朝の会にする内容を帰りの会に入れればよい。

次のような内容が考えられる。

- 暗唱
- 百人一首
- スピーチ
- 今月の歌
- 簡単なゲーム

私の勤務校では「今月の歌」を学級で歌わせることになっている。大体のクラスが朝の会で歌っているが、私は、帰りの会に行っている。

授業終了と同時に、カセットの曲を流し始める。

子どもたちは前述の①〜③をやりながら歌うのだ。

帰る用意ができた子は、ランドセルを背負い立って歌いながら待つことになっている。

朝の会で歌わせる学級が多いが、やんちゃ坊主はまず歌わない。

帰りの会にすれば、逆の場面が見られる。お勧めである。

（三宅孝明）

6 放課後に教室にいつも残る女子どう対応する？

高学年の女子は、帰りのあいさつをしても、教室に残る子が多い。

そんな時、怒ることなくすぐに帰らせる方法を紹介する。

一 趣意説明をする

高学年の子ども達は、上からの一方的な指示を嫌う。趣意を説明することで素直に従うことが多い。

例えば、次のように話をする。

> 教室は、先生が管理するところです。
> 先生より後に、教室に残れませんよ。
> 「さようなら」をした後は、すぐに帰りましょう。

二 残っている人は……

向山実践に、次のような指導がある。

「外に出て遊ぼう」が生活目標だった時、向山氏のクラスには子ども達が1人も残っていなかった。中で遊んでいる子へ、怒鳴ることなく穏やかに声かけをするだけで、みんな遊びに行ったという指導である。

向山氏は、次のように声かけをしたそうである。

> ① 外に出なさい。

その後に、次のように言う。

> ② 外に行きたくない人には、ゴミを30個拾ってもらおうかな。

30個という数字がすごい。「嫌だな」と思わせる数字である。これで、残っている子が半分になる。続けて、

> ③ 今度は、机を整頓してもらおうかな。

それでも残っていたら、

> ④ 床をぞうきんがけしてもらおうかな。

と言うそうである。大きな声を出すのではなく、穏やかに言えばいい。

放課後に教室に残る女子にも、同じ声かけができる。

たとえ「いいよ」と言って本当にゴミを拾ったり机を整

頓してくれたりしても、かえって教師にとっては嬉しいことである。怒る必要は全くない。

この方法を知ってから、お互い嫌な気持ちにならずに、子ども達はさっと教室を出るようになった。

三　全員そろって「さようなら」をしない

「さようなら」に時間差をつけると、子ども達は早く帰りたくなる。

例えば、号車（教室の縦の列）ごとに、用意ができたところから「さようなら」をする。

早く帰る号車の子ども達は、「イエーイ」と急いで教室を出て行く。

挨拶した号車の人は、すぐに廊下に出ることにしておけば、教室に残ることはない。

最後になった号車も、慌てて準備をするので教室はあっという間に空っぽになる。

他にも、班ごとに「さようなら」、お隣さんと「さようなら」など、いろいろなバリエーションが考えられる。

四　待つ場所を決めておく

安全のために、1人では下校させない学校が最近は増えている。

一緒に帰る友達が隣のクラスにしかいない子は、しばらく待たなければならない。

そんなとき、子ども達はどこで待っているだろうか。

教室で待つ子もいれば、廊下で待つ子もいる。

中には、窓から隣の教室をのぞき込んでいる子もいる。

騒いで、隣のクラスの帰りの会を邪魔することにもなりかねない。

だからといって、自分の教室で待たせると、いつまでもずるずると残ってしまい、遅くなりがちである。

だから、隣のクラスの子を待つ場所を決めておくとよい。

例えば、私の学年では次のように決めている。

隣のクラスの子を待つ時は、靴箱で待つ。

こうすればいつまでも教室に残ることもないし、廊下で騒いで隣のクラスに迷惑をかけることもない。

4月の最初にルールを決めて、学年団で継続的に子ども達に指導していけばよい。

（熊谷博樹）

〈引用文献〉『この目で見た向山実践のウラ技』師尾喜代子著（明治図書）

7　教師の靴は児童用下駄箱に置き、子どもの状況を把握する

一　靴の並び方を見て、学級経営をチェックできる

向山洋一氏は言う。

> さて、私は、多くの学校を訪れましたが、「学校の良し悪し」は、五分でわかりました。クラス毎の評価もわかります。玄関にある「靴箱」を見るのです。荒れているクラスの靴箱は「雑然」としています。「投げ入れ」状態の子も何人もいます。靴が落ちているのもあります。
> 良いクラスの靴箱は、落ち着いた表情があります。どの子も手で「ていねい」に入れた感じがします。多少曲がっている子もいますが、それなりに落ち着いています。こうした靴箱のクラスは、まず、すばらしいクラスです。
> 「家庭教育ツーウェイ」2004年8月号　明治図書

帰る時、児童用下駄箱のところに行き、子どもの靴の並び方を見る。学級が落ち着いていると、靴は揃えて下駄箱に入っている。学級が荒れ始めると、靴が乱れてくる。靴の揃い方は学級経営のチェックとして使えるのである。

靴が荒れ始めたら、まずは自分の授業を見つめ直そう。

学級の荒れの根本原因は教師にある。

学校生活の大半である授業のまずさが原因で、学級は荒れ始めるのだ。そのことを踏まえて、靴を揃える指導をすべきである。教師の靴を児童用下駄箱に入れることで、メタ認知できるのだ。

靴を揃える指導①

全員を下駄箱につれて行き、次のように言う。

ケンカしている靴があるね。かわいそうだね。

靴が揃っていない子は慌てて直す。直った後で言う。

仲良くなったね。よかった。

その後は「靴はケンカしてないかな」と問いかけると意識して靴を直すようになる。低学年で効果的な方法である。

この方法は静岡の杉山裕之氏の実践から学んだ。

靴を揃える指導②

> 教育学者の森信三さんは「しつけの三大原則」として「あいさつをする」「はっきりと返事をする」「はきものをそろえ、いすを入れる」を挙げています。

靴を揃えることは、昔から伝わっているしつけの基本の一つです。一度脱いだ靴を、腰をかがめて手で摑んで、きちんと揃えることはとても面倒なことです。でも、このような面倒なこと、小さなことを毎日続けられる人は、忍耐強い人なのです。このような人は、勉強や運動、他のことでも辛抱強く続けられ、伸びていく人なのです。

このような話を学級活動などで話す。

靴を揃える指導③

次の永平寺の道元禅師の詩を子どもに紹介し、靴を揃えることの大切さを教える。

はきものをそろえると　心もそろう
心がそろうと　はきものもそろう
ぬぐときに　そろえておくと
はくときに　心がみだれない
だまってそろえておいてあげよう
そうすればきっと　世界中の人の心もそろうでしょう

二　朝、子どもの登校の状況を把握できる

勤務開始間近に、児童用下駄箱で子どもの靴を見る。

既に下履きが入っている子は出席している子。上履きがまだ残っている子は欠席している子（もしくは、何らかの事情でまだ登校していない）がその場ですぐ分かる。

その足で職員室に向かい、欠席の連絡が保護者からきているかを確認する。

連絡がきていなければすぐに、保護者に電話をして確認する。

何らかの事情（通学途中の事故、怪我等）で学校への到着が遅れているかもしれない。

連絡が遅くなり事態が大きくならないように対応することが大切である。

トラブルは、後になればなるほど解決が困難になる。できるだけすぐに動くことで解決も容易になる。

トラブル解決の鉄則である。

そのためには教師の靴を児童用下駄箱に置くようにして、靴箱を見る習慣をつけて危機管理をしておこう。

教師の靴が下駄箱にあると、靴隠しも未然に防ぐことにもつながる。

週末に上履きを持って帰るのを忘れた子にも対応できる。

まさに一石二鳥以上のメリットがある。

（杉本友徳）

8 「1人1役」が特別支援教育に有効なのはなぜか

一 知的障害養護学校の学級、1人1役で、子どもたちも一生懸命に取り組む

知的障害養護学校中学部の学級を担任している。

当番は1人1役。「流しそうじ係」「保健係」などの当番活動をしている。子どもたちも、学級の仕事をしようと一生懸命に取り組んでいる。

ではなぜ、1人1役が特別支援教育にも有効なのか？ 理由を述べていく。

二 1人1役が特別支援教育にも有効な理由

① 責任の所在がはっきりする

通常学級での教育も、特別支援教育も、原理原則は同じである。

「当番は、みんなで分担して、みんなで実行していこう」このように呼びかけたとする。理念は美しいかもしれないが、それでは仕事は進まない。

日によって、「今日は、A君、保健カードを持っていって」、「B君、黒板を消しといて」と、教師の指示ばかりが増えていく。

子どもたちも、仕事をしても、しなくても、どうでも良くなるだろう。

1人1役にすることで、責任の所在がはっきりする。やっていない仕事は、当人にさせていけば良い。

② 見通しをもって活動できる

特別支援教育の必要な子どもたちは、見通しをもつことが難しい。自閉スペクトラム症の子どもたちの場合、動きが止まるだけでなく、パニックを起こす可能性もある。こうした状況は避ける必要がある。

1人1役にすることで、誰がどんな仕事をいつするか確定する。見通しをもって活動できるようになる。

例えば、クラスに、ダウン症のAさんがいる。Aさんは保健係になっている。毎朝、朝の会の健康観察に合わせて、記録をし、保健室にカードをもっていく。

朝の会が始まると、自分で、保健カードを机の上に準備している。そして、会が終わると、保健室に1人で行き、所定の場所に置いて帰ってくるのである。

1人1役の担当で、見通しをもって活動できる。

③ 繰り返し仕事をおこなうので、習熟できる

実はAさんは、小学部の時も、同じ仕事をしていた。用紙が途中で行方不明になったり、別の場所に置いていていたり。この仕事ができるようになるまで、苦労したとのことを保健の先生からも聞いた。

しかし、今は先に書いたように完璧である。ほとんど指示も必要ない。本人も自信をもって取り組んでいる。

毎朝、「Aさんは、仕事が確実です」と明るくほめて、1時間目に入ることができる。

きわめて良い状態である。

特別支援教育の必要な子どもは、通常の子どもたちよりも、習熟に時間がかかるのは当然である。

長い時間をかけて、繰り返しすることで、確実にできるようになる。そのためにも、1人1役が有効である。

④ 子どもの障害に応じて、支援ツールも活用できる

特別支援教育の必要な子どもには、何らかの支援が必要になる。

担任している自閉症のB君は、自発的な発語はない。

しかし、他の学級への連絡係になっている。配布物や、教材などを他の学級に届ける仕事である。

発語がなく、物だけを持っていかせても、仕事は不完全である。そこで、次のようなメモ用紙を一緒に持たせる。

（山田　）先生へ
（ファイル　）です。
よろしくお願いします。
（大恵）

仕事できた（　）
できなかった（　）

最後の「仕事できた（　）」の欄は、相手の先生に○をつけてもらう。これで、仕事ができたかどうかも、はっきりと分かる。

1人1役にすることで、どのような支援が必要になるのか、教師もはっきりと認識できる。それぞれの障害に応じて、支援ツールを活用できる。

1人1役の当番活動を通して、特別支援の必要な子の生活の質を高めていきたい。

（大恵信昭）

▼▼▼ 教師が不在でも困らない給食指導

9 給食の配膳を素早く行う方法

一 エプロンの微細指導

給食は、教師の腕の見せ所である。

ちょっと得したと思わせることが、秘訣である。

とにかく給食当番が、はやく準備をすればするほど給食配膳は早くなる。

教師は、ちょっと工夫をしておく。

例えば、4時間目が、家庭科や音楽、体育などの専科の先生の授業としよう。そのとき、給食当番が早くできるようにシステムをつくっておく。

担任の授業が終了した段階で、次のように指示する。

給食当番の人は、机の上にエプロンを準備してから、家庭科の授業に行きなさい。

こうすることで、自分が給食当番であったことを忘れることがない。

担任が、給食当番5人なら5人を確認できる。

よく専科の先生の授業の後、給食当番が、自分が当番だったことをすっかり忘れていて遊んでいたということがあると思う。

甲本も、向山先生にこの指導を教えていただくまでは、このような経験をよくしていた。

早めに給食エプロンを用意する

これだけでも配膳は格段に早くなる。

二 給食当番を鍛える

次は、給食当番を鍛えることだ。

おかずのプロと言われるまで、おかずを注ぐ一つの仕事を担当させる。適材適所で、給食当番をさせる。

いろいろな仕事を担当させなければならないと毎日担当を替える先生もいるが、一つの仕事を鍛え上げることも大切な教育である。私は、替えない。

担当は、希望制でジャンケンで決定する。

そして、毎日毎日褒め続ける。

「ちょうど平等になるように注ぐことができた。すごい」

と褒めればよい。

ちゃんとその担当の仕事を、教師が最初のうちに褒めてやればうまくなる。鍛えられるのだ。

配り物だってロスなく順番にうまく配れるようになる。

三 裏技

そして、配膳が早くでき、早く給食が終われば早く休み時間にする。これくらいはあってよい。

たまに学校の決まりで、「給食時間が終わるまでは外で遊んではいけない」とお達しを出す学校がある。

そういった時は、「早く給食が終われば、その日の宿題をしてもいいぞ」と告知する。

これで、がぜん早くなる。

また、そういった決まりがある学校でも、1分くらい早く終了するとよい。1分は、誤差の範囲である。

それくらいのやんちゃは、許されるであろう。

四 班の活用

次の指示で、子ども達が動き出す。

給食の配膳が、班全員できたら食べてもいいですよ。


おやっと思う先生もいるかもしれないが、これがいい。

班の全員が揃ったところで「いただきます」である。

これは、給食当番というより、待っているクラス全員に効果がある。

手を洗い、給食の用意をし、着席して班員が揃うのを待つ。全員揃ったら「いただきます」である。

他の班がまだ用意していても、その班だけは揃ってさえいれば、食事を食べることができるのだ。

これも配膳を早くする方法の一つである。

早く用意できれば、早く食べることができる。そして、早く遊びに出かけられる。

一つ一つの動きが明確になり、準備から終わりまで意識を持って行動できる。

時間は、お互いに大切である。

給食当番の行動一つで、休み時間が長くなったり短くなったりと大きく異なる。

また、隙間時間の使い方にも工夫が生じる。

次の日の予定を給食の隙間時間に書かせている先生も多い。みんな時間を大切にしているのだ。

給食時間は、教師の腕の見せ所である。やんちゃを従えることも、この給食時間の使い方一つで可能になる。

ちょっと得したと思わせることが、秘訣である。


（甲本卓司）

10 着替え・出発・準備の目安を時間で示す趣意説明の方法

一 早く行うためにはコツがある

「着替えが遅い。」「なかなか並べない。」「準備に時間がかかる。」

若い先生のクラスでは、必ずと言っていいほど見られる光景である。これらは、いくら注意しても早くならない。

時間がかかればかかるほど、食べる時間は少なくなっていく。食の細い子も安心して食べられるように、時間をつくり出すのが教師の仕事である。

私のクラスでは、4時間目のチャイムがなってから、全員が食べ始めるまでの時間は、約13分間である。

この中には、「着替え」「給食を取りにいく」「配膳」の時間は、すべて含まれている。

早くするには、コツがある。次の二つ。

> ① 早くなるシステムをつくる
> ② 時間の目安を示し、趣意説明する

二 早くなるシステムをつくる①「着替え」

「着替え」を早くするには、エプロンをどこに置いておくかが大切になってくる。

エプロンは、教室前方の入り口近くに置かせる。

子ども達はエプロンをとると、すぐに廊下で着替えていく。これも大事なポイントである。そして、着替えた子から、すぐに廊下に並ばせる。

これらは、全て一連の動きになっているのだ。こうなれば、子ども達は、着替えることのみに集中するようになる。また、誰が着替えていて誰が遅いのかもはっきりする。

教師は、早い子を褒めればいい。

自分の机のところで着替えさせるから、おしゃべりをしたりぐずぐずしたりして、遅くなってしまうのだ。

エプロンは、教室前方入り口がいい。

三 早くなるシステムをつくる②「出発」

出発を早くさせるには、次の方法がいい。

全員が揃うまで待たない。

半分が揃ったら、出発すればいい。

遅れた子は、そのうち追いついてくる。到着する頃には、全員が揃っているというイメージである。

遅い子を待つのは、いいことではない。それでは、頑張って早く着替えた子に失礼である。最初は遅れていた子も、待たないことで、だんだんと早くなっていく。

遅れた子に対しては、もう一手をうっておく。

配膳が終わった後、立たせて、「明日は遅れないようにします。」と言わせる。ここで叱る必要はない。教師は、「わかりました。」と頷けばいい。これで、ずいぶん早くなる。

四　早くなるシステムをつくる③「準備」

準備のやり方は、いろいろあっていい。

当番が配る方法もあれば、セルフ形式もあるだろう。

ここでの大切なポイントは、次の1点である。


汁物などは教師がつぎ分ける。


汁物は、つぎ分けるのに結構時間がかかる。

ここは、絶対に教師がつぎ分ける。

子ども達は、配膳の時、自然と一番遅い子に合わせている。例えば、果物担当の子が遅ければ、それを待っていたりする。教師がつぎ分けることで、全体のスピードをあげていくのである。

五　時間の目安を示し、趣意説明する

高学年の子達には、「なぜ、早くしなければいけないのか」を趣意説明することが必要だ。

全員が、ゆったり食べられる時間を確保する。


このためには、当然、着替えや準備を早くする必要がある。趣意説明があるから、子ども達は納得する。

時間は、逆算して考えていく。

全体で45分間あったとする。食器を返却にいくのが5分。クラスでの返却時間が5分。残りは35分になる。

ここまで説明した後、「食べる時間はどのくらいあった方がいいか」聞く。キーワードは「全員」である。

たいていの場合、20分間あたりになるだろう。

必然的に、残った15分間で、着替えから準備までを行うことになる。これで、全員が納得する「時間の目安」ができたことになる。

明確な基準があるから、子ども達は早くしようと努力する。そして、15分でできるようになる。

「時間の目安を示し、趣意説明をする。」そして、「システムをつくる。」このことで、準備や配膳が早くなっていく。


（小野隆行）

11 お代わり指導で、高学年を統率する

一 食べ物の恨みは恐ろしい

「食べ物」のことでトラブルになることは多い。

本人同士のトラブルならまだよいが、お家の方を巻きこんでのトラブルに発展する可能性が実に大きい。

学校の生活指導の中で一番に気をつけなければならない指導の一つであろう。

さて、お代わりである。

トラブルになるのは、おかずモノの場合が多いだろう。

それと休んだ子がいるときの、残った牛乳やプリンやら揚げモノなどの小物である。これらを平等に配らなければ苦情が来る。子ども達からも信頼を失う。

二 向山型給食お代わり指導

向山型お代わり給食指導を実践している。以下に紹介する。

【休んだ子がいる場合】

給食の残りが、どれくらいあるかをまず確認する。

牛乳1本
プリン1個
パン1個
おかずモノ、お玉に数杯である

希望者を募る。このときに弱肉強食で行うと力の強い子が、ほとんどを独り占めしてしまう。

絶対にそれだけは、ダメだ。

話し合いで行っているように見えるが、必ずズルをする。それを見破らなければならない。

このとき、次のように話す。

① 自分が希望するものを決めてください
② 1度だけ手を挙げることができます
③ 希望者が多いときはジャンケンで決めます
④ 負けたからといって、2度3度と手を挙げてはいけません
⑤ それでは、行います

そして、残っているものを提示していく。

この順番も間違ってはいけない。人気がなさそうなものから行う。

わがクラスでは、牛乳やおかずモノが、人気がない。

そこで、おかずモノから行う。

①　おかず希望の人。
1人か2人である。確率は、2分の1である。
1人のときもある。
ジャンケンなしで、大盛りでお代わりができる。
②　次に牛乳。
これも1人か2人である。
牛乳を獲得する可能性が実に高くなる。
③　次が、パンである。
これも何人か出てくる。
クラスやその日のメニューによって、このバランスは変わってくる。
教師が、どれが希望が多いかを、一目で把握しなければならない。
④そして、最後が、プリンである。
ドーと手が挙がる。20人くらいは、手が挙がる。
確率は、20分の1である。

このときに注意しなければいけないことは、それまでジャンケンした、おかず、牛乳、パンに手を挙げていて負けた子や勝って獲得している子が、混ざることだ。混ざってしまうとせっかくのルールが台無しになってしまう。教師が気をつけなければならない。

また、ルールを徹底させ、お互いがルールを守るようにさせなければならない。

ルールを破った子には、次のように言ってきた。

「こんな簡単なルールが守れなくてどうするんですか。もうあなたとは約束できませんよ」と短く言えば、従う。

それでも従わないときは、全員に確認すればよい。「みんなは、どう思いますか」と。毎日行われることだ。きちんとルールを守るようになる。

ちなみにジャンケンは、教師対希望者で行っている。あいこは、そのまま。負けたら座ることにしている。

ジャンケンは、教室の後ろに行って、みんなの目がある中でさせる。こうすることで、後出しをしたり、負けたのに勝ったとウソをついたりすることを防ぐことができる。

そして、おかずモノを少しは残しておく。

ここは、「食べた人は、お代わりをしていいです。ジャンケンに負けた人でもいいです」と子ども達に任せる。

ここだけは、弱肉強食でいいところである。

たかがお代わりであるが、トラブルの多い教育場面で、あくまで平等に行うことがお代わり指導の基本である。

（甲本卓司）

12 教師が不在の時、給食準備・配膳・片づけを成功させるワザ

出張などで、教室を留守にする時がある。

そんな時、クラスの乱れが出るのが、給食の時間である。

次の日、教室に行ってみると、食べかすが落ちていたり、返し忘れた食器があったりという経験はないだろうか。

そうなると、その日の朝から、子ども達を注意しなくてはいけなくなる。

また、高学年になると、出張だけでなく、行事などの準備等で、給食時間に遅れることも出てくる。

高学年ならば、教師が不在でも、子ども達だけで、給食準備・配膳・片づけができるようにしておきたい。

一　教師がいる時に、きちんとできるようにしておく

教師がいるときに、きちんとできていないと、いくらやり方を考えても上手くはいかない。

「いつ」「誰が」「どこで」「どのように」するのか、明確になっているだろうか。

これがクラスの中に浸透しているかどうかは、子ども達に説明させてみればすぐに分かる。どの子も迷わず言えるようであれば、合格と言って良いだろう。

まず、教師がいる時に、ちゃんとできるようにしておくことが、最低限の条件である。

特に1学期の最初のうちは、「教師がいなくてもできる」状態をイメージして、給食指導を行っていく必要がある。

二　教師がいる時に、シミュレーションさせておく

出張で教室をあける日は、前もってわかっている。

だから、その日の何日か前から、教師がいない状態をシミュレーションさせておくといい。


先生は、金曜日に出張します。自分たちだけで給食の準備・片づけができるかどうか見せてもらいます。


こう言って、何日か子ども達だけでさせてみる。

できていないところは、指導を入れていく。

こうすれば、子ども達も不安がなくなる。

クラスの状態によっても違うが、通常、３日も前からやっておけば大丈夫である。

三　シミュレーションで見るポイント3

シミュレーションを何のために行うのか。

それは、子ども達ができているかどうかをチェックするためである。中でも、「ここだけは」という重点箇所をし

っかり見るようにする。

特に気をつける点は次の三つ。

①時間の目安を示す
②おかわりのやり方をどうするか
③片づけの最終確認をどうするか

四　時間の目安を示す

何分までに準備を終えるのか。何分に「いただきます」をするのか。「ごちそうさま」は何分なのか。

このように、時間で目安を示しておくことが大切である。

さぼったり、遊んだりしていては、その時間に間に合わなくなる。時間はごまかせない。

金曜日も、12時45分に「いただきます」ができれば合格です。

シミュレーションで、このように目安を示しておくといい。

五　おかわりのやり方をどうするか

私は、いつもクラス1のやんちゃ坊主にやらせていた。

やんちゃ坊主は、食べるのが早い。

「おかわりは時間がかかるので、食べるのが早い○○君にやってもらおう。」と言えば、みんなも納得する。

おかわりは、先生の代わりの役である。

だから、選ばれると大喜びである。

これをやんちゃ坊主にさせるのには意味がある。

おかわりを仕切る方になると、文句を言わなくなるのだ。

先生のやっている通りにやりなさい。

このように言って、真似をさせるといい。

これで、トラブルがなくなる。

六　片づけの最終確認をどうするか

教師が不在でルーズになるのが、片づけである。

片づけのポイントは、責任者を決めることである。

最後の確認を誰がするのかを決めておく。

こうしておけば、食べかすが落ちていたり、食器がそのままになっているようなことを防げる。

担当は、学級委員でも日直でも誰でもいい。

次の日、片づけの様子を教師に報告するようにしておけば、確認を忘れることもなくなる。

（小野隆行）

13 高学年の給食指導 陥りやすい失敗

【失敗一】準備時間に暴れる

高学年では、給食の準備時間に、担任が教室にいない場合が多い。学校によっては、給食当番と一緒に、教師もついて行かなければならないこともあるだろう。

教師がいない教室では、大体、子どもは教室で騒いだり、廊下で遊んだりしている。

「危ないから、やめなさい。」と注意したところで、高学年の子は理屈だけで動かない。

分かってはいるけど、やめられないのである。特にやんちゃな男子児童はそうである。

次のポイントを押さえて指導していかなければならない。

空白をつくらない

教師がいない教室。空白時間ができると、騒乱状態になるのは明らかである。

そのための手立てをいくつか挙げる。

① 連絡帳を書かせる

連絡帳を書かせることで、席にきちんと座って待たせることができる。なお、後で連絡帳のチェックをする必要がある。そうしないと、連絡帳を書かない子、乱雑に書く子が必ずいるからだ。教師が関所を設けるから、子ども達はやるのである。

② 教室にある本や、自分が持ってきた本を席で読む

連絡帳を書き終わったら読書をさせる。

教師は教室に戻ったときに、きちんと本を読んでいた子を褒め続けるとよい。「やることがなくなったら読書をする。」というクラスのルールを決めておけば、朝自習の時間など別の場面でも応用可能である。

③ 当番が教室に到着してから、手を洗いに行く

他のクラスはすでに手を洗い終わっているので、手洗い場の混雑はない。また、高学年ともなると、廊下に人が集まれば、女子の情報交換や、男子のトラブル発生の可能性がある。それも防げるので、一石二鳥である。

④　宿題をする

席について給食当番を待つことに何かメリットがないと、高学年の子ども達は動かない。そこで、宿題をしてもよいということにしておく。そうすると、やんちゃな男子児童は一心不乱にやり始める。裏技の一つである。

【失敗二】　給食の片づけをしない

私の勤務校では給食時間が終わると、全員でごちそうさまをして休憩時間になる。給食当番は片づけが終わってから休憩である。

ところがやんちゃな男子児童の中に、当番の片づけをしないで遊びにいく子がいる。仕方なしに他の子に運んでもらうか、教師が運ぶことになる。そのようなことを繰り返していると、片づけは「先生や他の子がしてくれる。」という意識が育つことになる。

わざとではなくても、発達障害のある子どもはワーキングメモリーの容量が少ない。給食が終わって遊ぶことを考えていると、そのことでワーキングメモリーの容量がいっぱいになってしまい、当番の片づけのことは消えてしまう。そのような子どもを叱っても意味がない。教師がそのような子どもをスポイルするようなシステムにしているから生じている事態なのだ。これを防ぐにはポイントがある。

教師のチェックを受けてから、返却する

具体的には、給食当番全員が食器をもった状態で教師のところに報告にこさせるのである。この時、食器だけでなく、配膳台のチェックも行う。台の上にこぼした跡があれば拭かせる。床に米粒が落ちていたらそれも拾わせる。

全て返却完了、給食前の状態になってから、報告させるのである。やり残しは一切認めない。最初のころは、仕事を忘れて遊びに行く子が、1人や2人はいる。そうなっても、全員が揃うまで、返却に行くのを待たせる。

仕事をやり忘れた子が戻ってきたら、必ず謝罪をさせる。全員揃った状態になったら、教師は「はい、ごくろうさま。」と笑顔で言って、給食場に食器を運びに行かせるのである。

「少しぐらいいいかな。」「今日はいいかな。」そんな気持ちをもつが、心を鬼にして全員仕事が完了の状態にしてなければ、受け付けない。何事も最初が肝心である。

なお、教師がいないときは、日直などに教師の代わりをさせる。

（土師宏文）

14 ちょっとした工夫でできる高学年の給食指導を楽しくするネタ

多くの子どもたちは給食時間を楽しみにしている。

楽しく給食を食べたいと願っている。

そこで、給食時間がもっと楽しく盛り上がるネタを紹介したい。

一　クイズ・なぞなぞ大会をする

給食時間にクイズやなぞなぞを出題すると盛り上がる。

出題するのは係や希望者である。

毎日していると、次第に工夫するようになってくる。

問題を自分でつくってくる子、賞状や景品をつくってくるような子が出てくるのだ。

また、班対抗で行うなぞなぞ・クイズ大会も盛り上がる。

出題者は教師である。

ああでもない、こうでもないと言いながら、子どもたちは班で話し合い、答えを考える。授業中とは違う雰囲気で話し合うため、夢中になる。また、週ごとや月ごとに集計し、優勝班を決めると一層盛り上がる。

クイズやなぞなぞの代わりに一発芸・ものまね大会をすることもできる。

早く食べ終わったやんちゃな男の子が、こぞって挑戦し、教室を爆笑の渦が包むのである。

二　読み聞かせをする

ほんの数分の時間を割くだけで、子どもと楽しく関わることができるのが「読み聞かせ」である。

無理に子どもを笑わせ、楽しい話をする必要はない。

簡単に毎日続けられるものがよい。

特に子どもたちが喜ぶのが、続き物の話やお化けの話などである。

「もう終わりなの」「先生、もっと読んで」など、子どもたちの大好きな時間となる。

三　おかわり（教師のデザート編）

残ったおかずやデザートのジャンケンをする。

当然、負けて何ももらうことができない子がいる。

中には運悪く、何度も負け続ける子がいる。

たまには敗者復活戦で教師のデザートをサービスしてみるのもよい。子どもに感謝されること間違いなしである。

四　誕生日の子を祝う

子どもにとって誕生日はとても楽しみな日である。

誕生日の子がいる日には、給食を食べる前に、「ハッピーバースデー」の歌を全員で歌って祝ってあげたい。

いただきますの代わりに、牛乳で乾杯をするとさらに雰囲気が出る。中には誕生日の子の場所まで行って、牛乳瓶を合わせる子も出てくる。

祝ってもらう時、はしゃぐ子もいれば、恥ずかしそうにする子もいる。しかし、祝ってもらった子は、どの子もうれしそうな表情をしている。

五　環境を工夫する

いつも同じ環境で給食を食べていると子どもたちは飽きてしまう。

そんな時、場所や雰囲気を工夫することで新鮮な気持ちで給食を食べることができる。

・外で食べる

季候のいいときには、中庭、遊具（タイヤの山）のような場所まで行って食べることもできる。ただし、これは異物混入などの問題もあるため、校長の許可が必要である。

教室から出るので開放感があり、子どもたちにも大人気である。

・大きな輪をつくる（子どもが20人程の場合）

机を教室の中心に向けて輪をつくる。

クラス全員の顔を見ながら食べることができる。

・高級レストラン

テーブルクロスや花びんで机を飾る。

ＢＧＭ、メニュー表など子どものアイディアを生かし、教室を洒落たレストランに変身させるのだ。

準備は各班で1回ずつ分担をしたり、係で担当したりするとよい。特に、卒業前にするとよい思い出づくりになる。

・係ごとで班をつくる

係ごとで食べることで、係活動について話し合うことができる。給食を早く食べ終わったら係活動をしようとする係も出てくることがある。

・ＣＤをかける

運動会や学芸会シーズンでは、使う曲を流すと自然と曲に親しむことができるので一石二鳥である。ただ流行の曲などを持ち込むと、クラスが崩れる原因になることもあるので注意が必要である。

〈参考・引用文献〉

『学級作り―集団への対応ＱＡ事典』（向山洋一・法則化アンバランス編　明治図書）
『日本教育技術方法大系第8巻』（向山洋一・ＴＯＳＳ編集委員会編　明治図書）

（土師宏文）

▼▼▼ 自ら動き、達成感のもてる掃除システム

15 高学年が自ら動くシステムのつくり方

一　掃除指導の原則

掃除指導には原則がある。

だれが、どこを、どこまで、どのようにするかを明確にする。

まず、場所と担当を明確にする。

そうしないと、やんちゃ坊主はほとんど掃除をせず、まじめな子が残り全てをするという状態が起きる。

例えば教室掃除ならば、教室を4等分する。

等分した場所を1人で担当するのである。

ほうきならば、その場所のごみは全て担当の子どもが責任をもって掃くのである。

床拭きと机運びならば、その場所の床の汚れを雑巾で拭き、机も運ぶのである。

人間はどれぐらいやればいいかが分からないと、やる気が湧かない。

分担を明確にすることでやる気が出るし、さぼっていてもすぐ分かる。

担当の場所ができていなかったら、やり直しである。

さて、掃除について向山洋一氏は次のように言う。

> 掃除はですね。私これ、掃除ってのはですね。子どもがいやいやいやって、みんなさぼることにしていいと思っているんです、私は。（中略：三宅）私は、さぼってそういうふうにやっているのは、自然だと思っているんです。（『学級作り　集団への対応QA事典』明治図書）

「掃除はさぼっていて当たり前」と考えると、教師の見え方が違ってくる。まじめにやっている子を褒めることができる。

二　高学年が自ら動くシステム

場所と担当を決めても、高学年のやんちゃはしない可能性がある。掃除をしても自分の得にならないからだ。

歴史で奈良時代に出された墾田永年私財法というのがある。

それまでは、土地は国のものであったのだが、自分の開墾した土地は永久に自分のものになるようになった。

この法律ができてから、土地が爆発的に開墾された。

なぜか。

自分が頑張った分、得をするからだ。これを掃除に使う。

自分の分担が合格したら、掃除は終了とする。

自分の分担が終了したら、教師を呼びにくる。

教師は一番手がかかりそうな所をチェックする。

大体、隅がきれいになっているかどうかを見る。

トイレの床に寝転べるくらいきれいに拭くように言う。

できていなければ、その場でやり直しをさせる。

合格したら、教室で邪魔にならないように静かに過ごす。

宿題をしてもよいことにすると、さらに効果的である。

この方法は甲本卓司氏に教えていただいた方法である。

三　掃除場所の交代にも方法がある

掃除場所を1週間や2週間交代ですると、掃除の手順を覚えた頃に交代となり徹底できない。

交代期間は少なくとも1カ月単位がよい。

掃除場所を交代した時に、教師が再度、手順を教えて回るのは効率が悪いし手間が掛かる。

そこで、前の掃除場所の担当者1人が、指導係として最初の1週間はやり方を教えに行くようにする。

すると、どのようにやればいいのかが分かる。

「先生ならまだ合格しないよ。」と教師がどこをチェックするのかも教えてもらえるようになる。

また、掃除の表も工夫する。

一目見て分かるように視覚的にする。言葉だけの表だと、どこまでやればよいの分かりにくい。

写真のようにすると、自分の担当場がより明確になり分かりやすい。

年度始めにつくっておけば、名前を抜いてコピーをして何回も使える。

掃除場所が代わるたびに、名前を書き入れればよい。

この方法は小野隆行氏から教えていただいた。

お勧めである。

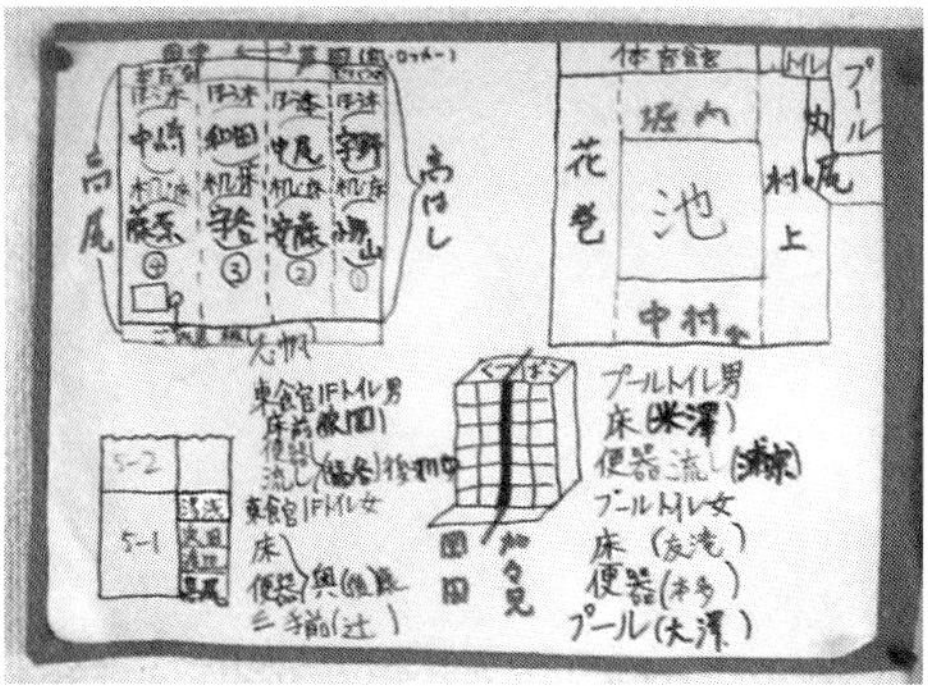

（三宅孝明）

16 少人数でもできる教室掃除のポイント

学年が上がるにつれて、掃除場所もだんだん増えてくる。高学年になると特別教室への分担も多く、教室掃除を少ない人数でしなければいけない場合もあるだろう。

しかし、問題はない。

少ない人数でも、きちんとできる方法を以下に紹介する。

一 分担を明確に決める

少ない人数で効率よく掃除をするために、何より大切なのは、次のことである。

誰がどこを掃除するのか、分担を明確に決める。

自分の仕事がはっきりすると、子どもは一生懸命頑張ろうとする。子どもが遊び始めるのは、何をしていいのか分からないからである。少人数だと、1人でも遊ぶ子がいたら掃除は時間内に終わらなくなる。

私のクラスでは、4人で教室掃除を立派にやっていた。

それぞれの子の分担は次のように決めた。

教室を、机の列を元にして3つのエリアに分け、それぞれを1人に担当させる。

Aのエリアの子は、Aのエリアだけを掃除する。ほうきで掃いて、机を運び、ぞうきんで拭く。

Bのエリア、Cのエリアも同様に、1人ずつが担当する。

この場合、お互い少し相手のエリアも掃除するようにすると、のりしろの部分ができ、ごみが残ることはない。

床の板の枚数やタイルの枚数で、「○枚分となりまで」と決めておくとよい。

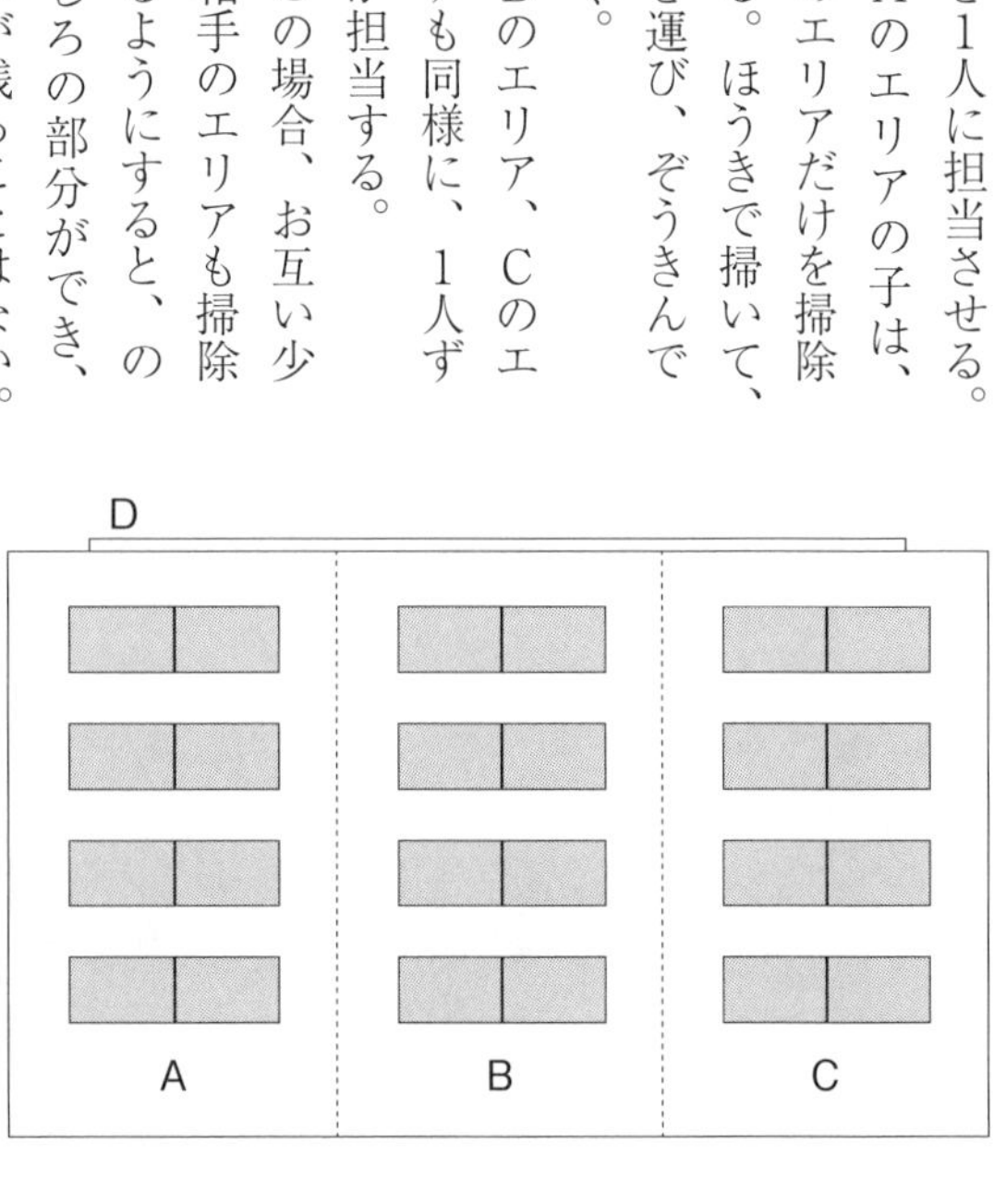

あと1人、Dのエリアは、教室のまわりの掃除である。黒板や棚、本棚などをぐるりと1周拭いていく。

もちろん人数がもう少し多ければ、それぞれのエリアを2人ずつで担当してもよいだろう。

1人がほうきで掃いている間にもう1人が机を運べば、もっと効率よく掃除ができる。

二　曜日によって内容を変える

人数が少なければ、毎日「ほうき・ぞうきん・机運び」の全メニューをしなくてもいい。

省けるところは省いたり1日置きぐらいにしたりすると、ぐんと効率が上がる。

例えば、床をぞうきんで拭くのは、毎日しなくてもいい。

○曜日はぞうきんで拭く日と決めておけば、何も問題ない。

ぞうきんがけをしない日は、その分他の仕事ができる。

掃除ロッカーの掃除や、習字道具ロッカーの整頓など、普段あまりできないところを分担するとよい。

4人で掃除する場合、例えば次のように仕事を分担する。

	A	B	C	D
月	床ぞうきん	床ぞうきん	床ぞうきん	たな
火	掃除道具箱	習字道具	箒ほこり取り	流し
水	床ぞうきん	床ぞうきん	床ぞうきん	たな
木	掃除道具箱	習字道具	箒ほこり取り	流し
金	床ぞうきん	床ぞうきん	床ぞうきん	たな

三　机を運ばない

掃除が始まる前に、机を教室の前や後ろに送っているクラスが多い。

教室半分を広く空けて、掃除した後、机を動かしていく方法がオーソドックスであろう。

しかし、高学年になると、行事等の準備で掃除時間が十分とれないことがある。

そんなときは、机を運ばずに掃除をする。

まず、いすは机の上にのせておく。これで、机の下が掃きやすくなる。

その状態で、机の間をさーっとほうきで掃いていく。

机の列ごとに、後ろから前に同時に掃いていく。

そして、余った児童が、ぞうきんを持っていすをおろしていく。なぜ、ぞうきんを持つかというと、ひどく汚れたところがあった場合、そこをぞうきんで拭くためである。

これなら、給食の食べかすや汁などが落ちていても、大丈夫である。

このやり方だと、少人数でも5~10分ぐらいで終わる。

「今日は、簡単掃除です」のように、合い言葉を決めておくと便利である。

（熊谷博樹）

17 たくさんの掃除場所はポイントを決めて、素早くチェック

学年が上がってくると、教室掃除だけでなく、保健室や特別教室など、たくさんの掃除場所を担当するようになる。そうなれば、教師もそれぞれの場所を見て回らなければならない。

また、体育や音楽などの校務分掌になれば、学級の分担以外にも、体育館や音楽室などを見て回らないといけない。しかも、体育館や音楽室は、校内でもかなり遠いところにあることが多い。

学校中のあちらこちらを見なくてはいけないので、教師の目が届きにくくなってしまう。教師が見てないと分かると、だんだんと子ども達は遊ぶようになってしまう。

たくさんの掃除場所を上手く指導するには、教師がポイントを決めて、素早くチェックすることが大切である。

以下に、効果的なチェックの方法を紹介する。

一 チェックするところを限定する

全ての掃除場所を一つ一つ丁寧にチェックしていくと、それだけで時間がなくなってしまう。

一つの掃除場所にかける時間はわずかでいい。

素早くチェックして回るポイントは、

チェックするところを限定する

ことである。一番きれいになりにくいだろうと思われるところをチェックするのがよい。

そこがきれいになっていたら、およそ他のところもきちんと掃除できているはずである。

教室や廊下の掃除なら、隅のゴミが溜まりやすいところをチェックする。

流しの掃除なら排水口にゴミが残っていないかどうか。トイレならば便器の汚れを見る。

このように、チェック箇所を一つに絞って見て回るのである。チェックポイントを限定すれば、子ども達もどこをチェックされるのか意識することができる。そして、そこを特に念入りに掃除するようになる。

普段なら見落とされがちで、なかなかきれいにならないところを掃除しているということは、他もきれいに掃除しているということである。

教師のチェックで、きれいに掃除するポイントを自然と身につけさせることができる。

二　チェックは終了5分前に

教師のチェックで合格がもらえれば、片づけを始めることができる。

しかし、不合格ならやり直しとなる。

そのためにも、教師は子どもがやり直す時間も考えて、チェックに回らなければならない。

掃除が終わる5分前ぐらい

がちょうどいいだろう。

掃除のやり直しをしていたせいで、次の授業に遅れるようなことはあってはいけない。

やり直しは、残りの5分間の中でやらせるのである。

逆に、合格した子は5分早く終わることができる。

教師が「合格！」と評定してやると、子ども達は「やったー」と言って喜ぶ。

頑張った分早く終われるので、次も頑張ろうという気になる。

三　掃除場所を替えるときは引き継ぎ役を

掃除場所を替えるときに、全員を新しいメンバーにはしない。引き続き同じ場所を掃除させる子を、必ず1人は残すようにする。その残った子が引き継ぎ役となる。

引き継ぎ役は、その掃除場所の掃除の仕方や、先生がどんなところをチェックするのかなど、新しいメンバーに教えてくれる。

そうすれば、新しいメンバーになってからも、教師も子どもも困ることはない。

四　4月と5月を念入りにチェック

毎日、掃除場所を教師がチェックして回るのは、結構大変である。

しかし、4月と5月を念入りにチェックしておけば、その後1年間は、上手に掃除ができるようになる。

最初は毎日チェックしていても、安定してくれば、少しずつ減らしていくこともできるだろう。

例えば、1日2カ所ぐらいを回り、週に2回ずつどの掃除場所もチェックを受けるようにしていって、上手に掃除を続けることができるようになる。

ちなみに、チェックを受けることができるのは1回だけとする。何回も受けると緊張感がなくなり、いい加減に掃除をするようになるからである。

（熊谷博樹）

18 特別教室の掃除指導にはコツがある（家庭科室、図工室、理科室）

特別教室掃除のコツは、その教室ごとのごみや汚れの特徴によって、掃除の仕方を変えることである。

以下、それぞれの部屋のごみや汚れの特徴と、掃除の仕方について述べる。

一　家庭科室の掃除のポイント

糸屑など、裁縫のごみ
こぼれた汁、米粒など、調理のごみ

①**机掃除**……糸屑などは、下に落とさないように、手でつまんでまとめて捨てる。また、調理の跡なども、汚れているところをまず拭いてから、机全体を拭くようにする。

②**床掃除**……床に落ちているごみも、机掃除と同じである。糸屑などを中心に集めるが、残飯などがあれば、先に雑巾やティッシュで拭き取っておくとよい。

③**流し掃除**……たいていは調理実習の後に掃除をしている。したがって、残飯などがあれば取らせる。もし、汚れがこびりついていれば、スポンジで流しの中をこする。排水口の中に、残飯がないかの確認も忘れない。

④**調理器具の整頓**……調理器具を元のように整頓する。番号や数が乱れていたら直させるようにする。

二　図工室の掃除のポイント

木屑、紙屑など、工作のごみ
絵の具、インクなど、絵画の汚れ

①**机掃除**……床掃除の前に、机掃除を行う。先に床掃除をすると、机の上を拭く時、木屑などが床に落ちてしまうからだ。机の上を短いほうきで掃く。その後、水拭きをした後に、いすを机の上に上げる。

②**床掃除**……教室の前から後ろに向かって、ごみを集めていく。机の下にごみが多く残っているので、漏れなく掃いていく。掃き終わったら、床を拭く。特に、絵の具などで汚れたところがあれば、集中的に行う。

③**黒板掃除**……特別教室のチョークは、切れていることが多い。掃除時間に補充するようにする。

④流し掃除……絵の具などを、きれいにスポンジで洗い流す。また、流しの下が、水浸しになっていることもあるので、滑らないように雑巾で拭いておく。

⑤機械類の掃除……図工室には、電動糸のこなど、機械類がたくさんある。万が一の事故に備えて、必ず次の点を確認してから掃除をさせる。

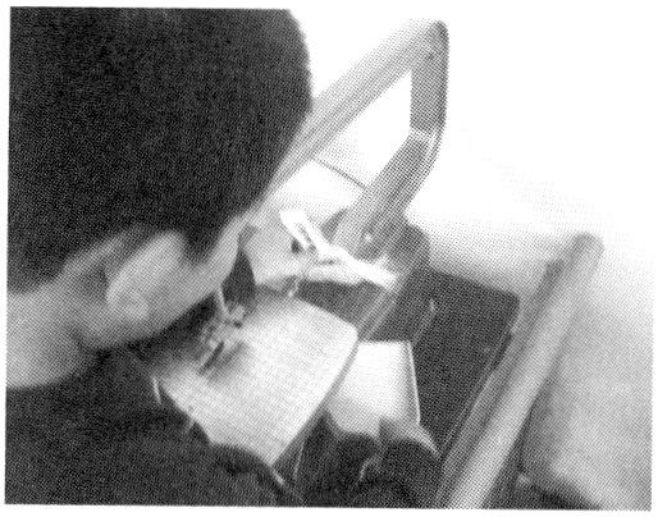

コンセントが抜けていること

三　理科室の掃除のポイント

・テーブルの上にこぼれている薬品
・消しゴムのかす
・床に落ちているガラスなどの破片

①床・机の掃除……まず、机の上を掃除する。薬品が残っていることがあるので、必ず水拭きする。落書きの跡があれば、消しゴムで消す。かすが残るので、きちんと取らせるようにする。次に、いすを、机の上に上げる。割れたビーカーなどの破片が床に落ちていることがあるので、注意して掃く。その後、雑巾で拭く。いすを、床に下ろす。汚れがたまりやすいのが、テーブルごとの排水溝である。この中も雑巾で、きれいに拭かせるようにする。

②黒板の掃除……黒板をきれいに一方向に拭き、チョークを補充しておく。

③実験器具の整頓……使った後のビーカーや試験管などが乾かしてあるので、大きさを合わせて元の場所に戻させる。他の実験器具の整頓も行う。

④危険物の取扱い……ごみの中には、割れた実験器具や、廃液などがある。これらの扱いは、必ず教師が行うようにする。なお、理科準備室には子どもに入らないように指示しておく。

（津下哲也）

19 特別教室の掃除指導にはコツがある（運動場編）

一 運動場の何処を掃除させるか

運動場は広いが、掃除をさせる場所は大体次のような場所である。

①運動場のトラック部分
②運動場の草や落ち葉の多いところ
③石灰庫
④体育倉庫

右に示したような掃除場所を、分担して掃除する。誰がどこをするのか明確にしておくことが大切である。分担を固定して、掃除の内容を教え定着させていく。体育倉庫の掃除は時間がかかるので、大掃除の時などを使って、運動場担当の児童全員で掃除するとよいだろう。

二 どのように掃除させるか

それぞれの場所の掃除の内容について示す。

①運動場のトラック部分

運動場のトラック部分の掃除では「地面を平らにする」ことが掃除内容である。

子どもたちに「トンボ」を持たせ、トラックをならさせる。ならしムラを出さないために、トンボの跡が、少し重なるようにして次々にならすようにする。

雨の日が続くと、トラックの土が削られてがたがたになる。大掃除の時などに土砂を一輪車で運び、補充するようにする。

②運動場の草や落ち葉の多いところ

「草抜き」「落ち葉拾い」が掃除内容である。

効率よく掃除させるために、図のように掃除範囲を分ける。

（点線内がそれぞれの担当範囲）

責任が明確になるので掃除がさぼれなくなる。

また、誰がよく頑張っているのか一目で分かるので、子どもを褒めることができる。一定期間が過ぎたら、次の範囲に交代する。

数値化することも効率よく掃除できるコツである。

次のように言う。

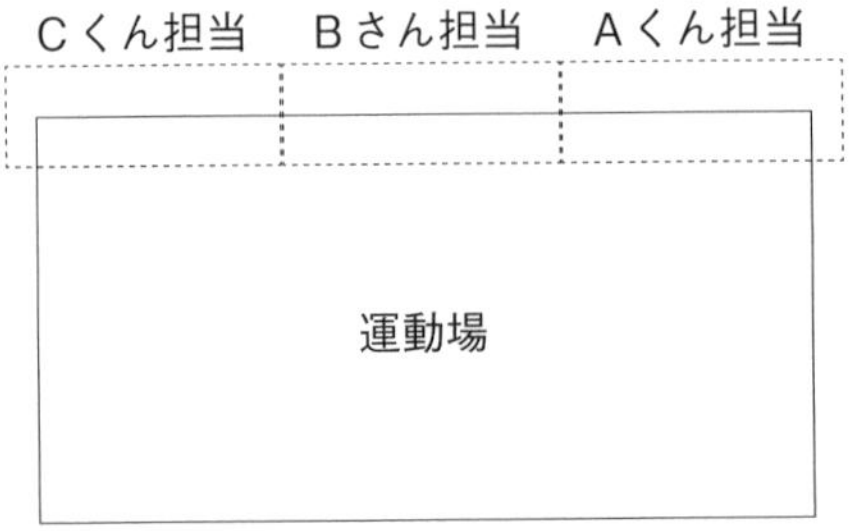

落ち葉を○枚拾いなさい。

目標がはっきりしていると頑張れるものである。

③石灰庫

床に落ちた石灰を集めることが掃除内容である。

石灰を掃除中に吸い込まないように「マスク」を着用させる。

集めた石灰は捨てずに、石やごみなどが混じっていなければ、石灰の袋に戻す。

残りは、樹木の根本に適量おくと養分となる。

使用済みの石灰の袋が放置されていることが多いので、空気を抜きながら小さく折りたたんで、何袋かまとめて捨てるようにする。

④体育倉庫

体育倉庫の掃除内容は「床掃き」と「用具の分類と整頓」である。

日ごろ、ほとんど掃除されていなければ、すさまじい埃と土砂がでてくる。

掃除の前に「マスク」を着用させる。

整頓のポイントは次である。

まず、整頓されていない用具を一度外に出す。

倉庫の中で整頓しようとすると、余計にグチャグチャになることがある。

子どもは「用具を外に出す子」「外に出た用具を整頓する子」「倉庫の床をほうきで掃く子」等と役割を分担する。

スムーズに掃除ができる。

外に出た用具は種類ごとに分ける。

ボールが混在している場合が多いので種類ごとに入れなおす。

ハードルなどの向きが揃っていない場合は、きちんと揃える。

外で整頓している間に、体育倉庫の床を掃く。

倉庫の外に用具を整頓したら元に戻していく。

入れ方にもコツがある。

頻繁に使う「ボール」等は入り口付近
あまり使わない「綱引きの綱」等は奥

入れ方一つでその後の使い勝手が変わってくる。

（杉本友徳）

20 特別教室の掃除指導にはコツがある（トイレ掃除編）

一 まずはゴミを掃いてとる

トイレ掃除を子ども達にさせると、すぐに水をまき始める。

全体に水をまき終えると、きれいになった錯覚を覚え、掃除が終わった気分になってしまうようである。

しかし、隅の方をよく見てみると、ゴミが固まっていたり、トイレットペーパーがぬれて使いにくくなっていたりする。

トイレ掃除で一番最初にするのは次のことである。

ほうきで掃く

水をまいてしまうと、ゴミがどこに行ったか分からなくなってしまう。

また、トイレットペーパーの切れ端などは、乾くと床に張り付いてとれなくなってしまう。まずは、床に落ちているゴミをほうきで掃くことが大切である。

二 水をまきすぎない

床に水をまきすぎると、床に跳ね返った水などで、かえって便器や壁などを汚してしまうことになる。

トイレで水をまくのは、床の汚れを取るためである。

便器の下など床が汚れやすい所だけにまけばよい。

水をまく時は、次のようにする。

天気のよい日に少しだけ水をまかせる

「水をまくのは少しだけにしなさい。」と言っても、子ども達には、なかなか伝わらない。

実際に教師が水をまき、床を磨いてみせて子ども達にイメージさせる。

その後、子ども達にもやらせてみて、うまくできている子をしっかりとほめるようにする。

最後には、十分に水を拭き取ることを忘れてはならない。

トイレの構造にもよるが、ぞうきんで拭くだけで十分な場合は、水を流す必要はない。

三 便器を磨く

次に便器を磨かせる。

便器の中は、柄付きのたわしでこすらせるが、こびりついた汚物などは、なかなか落ちない。

そんな時のために、トイレ用の洗剤を用意しておく。

洗剤によっては、目にはいると危険なものもあるので、安全なものを選ぶように気をつける。教師がまいてやるのがよいだろう。

便器を磨く場合、忘れがちなのが便器の外側である。

便器の外側は、ぞうきんで拭かせるようにする。

子ども達にとって、便器というと汚いイメージがあるので、なかなか拭きたがらない。

そこで、次のものを用意しておく。

ゴム手袋

使い捨てのタイプが衛生的でよい。

子ども1人ひとりにつけさせる。

まずは教師がお手本を示して、がんばって拭いている子ども達をしっかりほめてやりたい。

四　壁や鏡まで拭く

トイレ掃除で見落とされがちなのが、壁や鏡である。

子ども達は、手を洗ったあとハンカチで拭かずに手を払って水をとばすことがよくある。その水滴が、鏡についているのである。

トイレの壁にも、足跡がついていたり、水滴がついていることがある。

壁や鏡などの汚れも、ぞうきんでしっかり拭き取らせるようにする。

五　掃除のしあげ

便器で使った柄付きたわしなどは、汚物が少し残っている場合がある。

ほうきなどと一緒にしておくと他の掃除道具まで汚してしまうことになりかねない。

掃除道具を片付ける位置を決めておく

どこに置けばいいのか、シールやテープではって一目で分かるようにしておき、掃除の最後に教師がチェックするようにする。

ちょっとした心配りとして、トイレの手洗い場に、花を添えてやる。教室にある花を一輪持っていくだけで、トイレの雰囲気がぐっと明るくなる。

（藤原能成）

21 特別教室の掃除指導にはコツがある（体育館編）

一 原則は分担を明確にすること

高学年は特別教室の掃除が割り当てられることが多い。

特別教室でも教室でも他の場所でも、原則は同じである。

だれが、どこを、どこまで、どのようにするか明確にする。

人はだれでも全体像が見えないとやる気にならない。掃除も同じである。次のような分担が考えられる。

- 床のモップがけ
- 倉庫の片付けと清掃
- ステージのモップがけとステージ袖の清掃
- 入り口の靴箱の掃除

床のモップがけなら木目に沿って、床の半分ずつを分担させる。

入り口にある靴箱も左右で分ける。すべて分担を決める。

教師が行って、できていなければ担当にやらせる。

担当場所に責任をもたせるのである。

次に人数配置である。私は次のようにしてきた。

できるだけ少人数で割り当てる。

体育館は教室と違い、普段行くことがない場所である。倉庫にはボールやフープなどの教具がある。休み時間に子どもが勝手に入って遊んでいたりすることもある。それだけ魅力いっぱいの場所なのだ。

場所が広いからといって、たくさん子どもを配置すると、

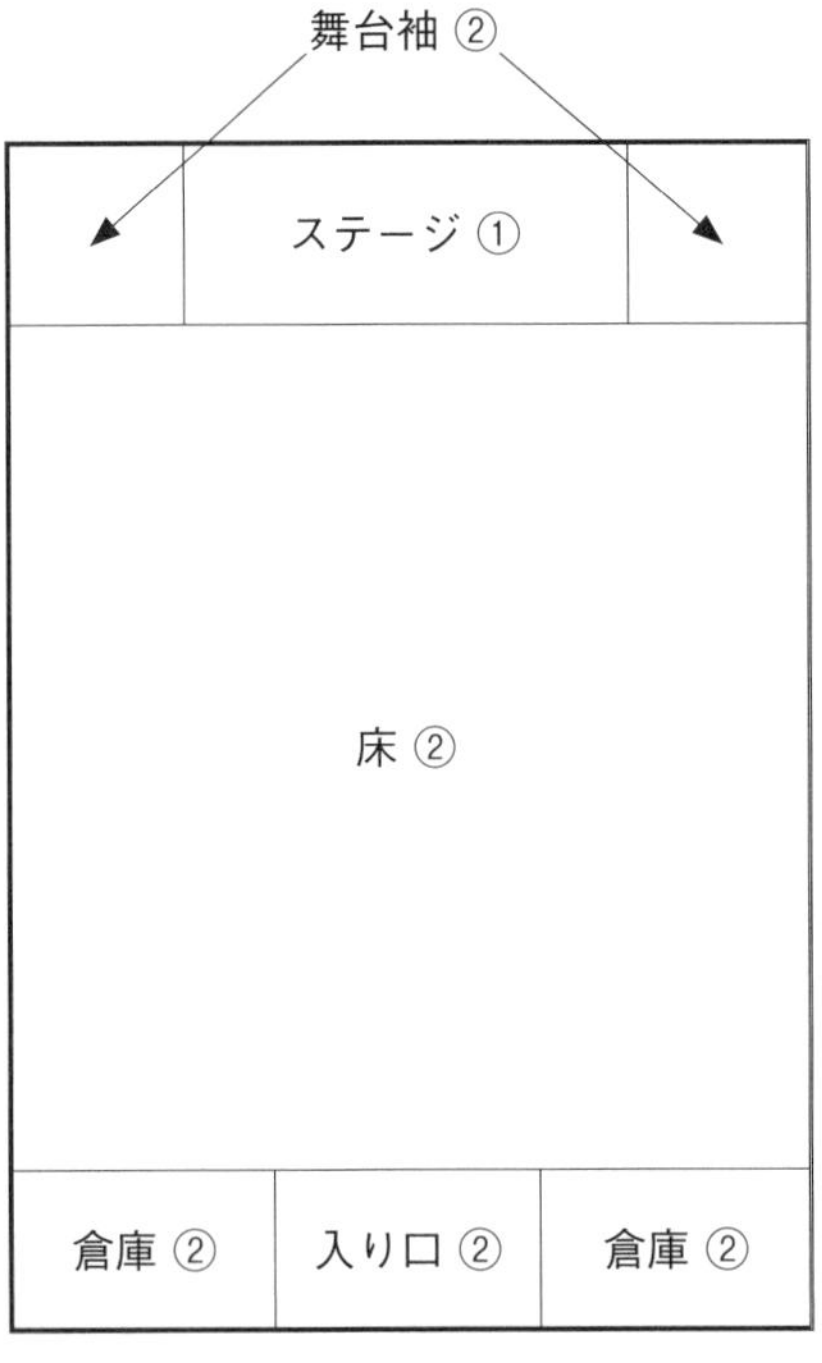

子ども達は必ず遊ぶ。

体育館掃除に人数は必要ない。教室と違って机いすがないからだ。だから極力少人数で割り当てる。

図の○の数字は人数を表している。

倉庫や舞台袖などは死角になる所である。

こういう所は特に人数を減らす。人数が少ない方が、子ども達は真剣に掃除に取り組み、遊ぶことが少なくなる。

これは、安全面の配慮でもある。

二　完成形をイメージさせる

体育館掃除でポイントとなる場所は、体育倉庫である。

体育倉庫がきれいなら、その他の場所もきれいだと言って間違いはない。

ところが、なかなか体育倉庫はきれいにならない。

> どこに何を置いたらいいか分からない。

次のような順で掃除をさせる。

まず、掃除場所に来たら、倉庫内のものを出させる。

この場合、跳び箱などの重いものは省く。

ボールかごなどのキャスターがついたものだけにする。

次に、元の場所にないものを元の位置に戻す。

ボールなどが転がっていたら、種類で分けてかごに入れておく。

床を掃き、最後に倉庫の外に出したものを入れる。

この時に、適当に倉庫内に入れたらいけない。

授業の使い勝手がよくなるように戻す必要がある。

そのために、次のものを掲示しておく。

> 倉庫内のものを正しい場所に置いた写真

子ども達が一目瞭然に分かるようにしておく。

これは掃除だけでなく、授業後の倉庫内の片付けの時や、一般への施設開放の人にとっても便利である。

倉庫だけでなく、床やステージなども掃除完了の状態を教える。

ポイントは次のことである。

隅がきれいになっているかどうか

モップの使い方などは子どもはよく分かっていない場合が多いので、最初のうちは教師が実際にやって見せなければならない。

（三宅孝明）

22　簡単にできる掃除当番表

一　1人1役の掃除当番表

私は毎年、次のページのような掃除当番表を使っている。

1人1役を原則として、掃除場所と細かい分担まで割り振っておく。

担当児童の欄には、名前を書かせたマグネットを貼らせるので、4月に一度つくってしまえば1年間使うことができる。

以下、そのつくり方を述べる。

二　場所と人数の割り当てを決める

4月最初の職員会議で、掃除の分担が出される。

本校では、学年ごとに、掃除の場所が割り当てられている。その分担を見ながら、人数を配置していく。

30人学級なら、教室6人、トイレ2人、玄関4人といった具合である。

男女の偏りが無くなるよう、教室掃除であれば、男子2人、女子2人といった構成にする。

男女を均等に配分しペアで配置することで、掃除中のおしゃべりを減らし、サボる子がなるべくでないようにすることができる。

職員会議が終わった時点で、掃除分担と人数の割り当てが完了していることになる。

三　エクセルで、表をつくる

先に決めた分担を元に、エクセルで表をつくる。

掃除場所、男女、そして細かい分担を記入しておく。

児童の名前を書いたマグネットを貼れるように、空欄を設けておく。

B4サイズぐらいに拡大印刷し、裏の四隅にマグネットシートを貼る。

あとは、ホームセンターなどで購入した、マグネットボードに、掃除当番表を貼っておく。

別途、マグネットを長方形に切っておき、子どもに名前を書かせる。

掃除当番が確定すると、子どもたちがそのボードの空欄に、自分のマグネットを貼る。

掃除当番を交代する時は、マグネットを貼りかえるだけでよい。

（津下哲也）

教　室	ほうき①	男	
	ぞうきん①	女	
	ほうき②	女	
	ぞうきん②	男	
	ほうき③	男	
	ぞうきん③	女	
	ほうき④	女	
	ぞうきん④	男	
	たな・ごみ	女	
	黒板・ごみ	女	
ろう下	ほうき	女	
	ぞうきん	男	
	ながし	女	
中央ろう下	ほうき①	男	
	ぞうきん①	女	
	ほうき②	女	
	ぞうきん②	男	
	ほうき③	女	
	ぞうきん③	男	

校長室前ろう下	ほうき	男	
	ぞうきん	女	
会ぎ室前	ほうき	女	
	ぞうきん	男	
中央ろう下東	ほうき	男	
	ぞうきん	女	
かいだん3→2	ほうき	女	
	ぞうきん	男	
かいだん2→1	ほうき	男	
	ぞうきん	女	
たかくら男子トイレ	ゆか	男	
	べんき	男	
たかくら女子トイレ	ゆか	女	
	べんき	女	
青空男子トイレ	ゆか	男	
	べんき	男	
青空女子トイレ	ゆか	女	
	べんき	女	

23 縦割り掃除・1年生の掃除
下級生のお手本になる掃除の仕方

一 縦割り掃除はペアリングで

縦割り掃除とは、1年から6年までが数名ずつグループになってする掃除の方法である。最近、いろいろな学校で取り組まれるようになってきた。

縦割り掃除で、私が必ず行うことがある。

次のことである。

2人組のペアをつくる

6年生は1年生と、5年生は2年生と、4年生は3年生とそれぞれ2人組をつくらせる。

そして、一緒に掃除をさせる。

6年生になったばかりの子ども達は、学校のために頑張りたいという気持ちでいっぱいである。

その気持ちを活かしたい。

6年生に次のように語る。

> 縦割り掃除が成功するためには、あなた達の力が必要です。特に1年生に掃除の仕方を優しく教えてあげてください。とっても頼りにしています。

6年生をその気にさせることができたら、ほぼ成功である。

6年生がほうきを持っているときは、1年生も一緒にほうきを持たせるようにする。同じ掃除道具を使わせる。同じ場所を分担して掃除するというのではない。

一緒にやって、ほうきの使い方や雑巾の絞り方を教えてあげるのである。

5年生と2年生のペアでも同じように教えてあげるシステムをつくる。

2年生にもなれば、机も1人で運べる。しかし持つ向きを間違えると、机の中身が全部床に落ちてしまうことになりかねない。そのようなことは、先生が言うのではなく上級生が教えてあげるようにする。

1年生が先生に尋ねてきた時も、「おにいちゃんに聞きなさい。」と言うようにする。

このシステムができれば、教師が低学年の指導で手が回らなくなるという状態はなくなる。必要なところに行って指導することができる。

ペアリングの方法で一番気をつけなければならないのは、次のことである。

上級生の顔をつぶさない

上級生の中には、掃除の仕方がうまくない子だっている。そんなときは、教師がさっと近づいて、やり方を示せばいい。そしてすかさず、「○○くん、うまいなぁ。さすが6年生！」と褒める。

雑巾を絞るときは、「すごい力だね。さすが6年生！」と、どんどん6年生を立てるようにするとよい。

二　1年生の教室掃除のポイント

入学したての1年生の教室は、1年生だけの力ではなかなか掃除ができない。だから、6年生の応援部隊が派遣されることが多い。ここも、6年生の力の見せ所である。

6年生には、次のように言って送り出す。

> 1年生の先生の言うことを聞いて下さい。

1年生の教室であるから、そこには1年生の先生がいる。その先生の言うとおりにできるということが、何よりも大切である。そして、次のことも合わせて言う。

> 1年生の先生に褒められたら合格です。

「1年生の先生が、『○○さん、とってもよく頑張ってくれる』って褒めてたよ。」と言うと、さらに意欲的に頑張るようになる。

そして、もう一つ大切なことがある。

1年生にも掃除をさせること

6年生が全てしてしまうのでは意味がない。何ヶ月かしたら、1年生だけで掃除ができるように育てるのである。

> みんなが掃除するだけでは、ダメです。
> 1年生に掃除を教えてあげて下さい。
> 優しくするんだよ。怒っちゃいけないよ。
> 1年生だけで掃除ができるように教えてあげます。

6年生のやる気をうまく活かした指導を心懸けたい。

（熊谷博樹）

24 高学年の行動を変容させる掃除のお話

面倒くさい、やりたくない。高学年の子どもたちは、このような考え方で掃除をさぼろうとする。

こうした子どもたちにいくら説教しても、行動は変容しない。

「掃除」で人生が変わった人がいる。

少年時代、落ちこぼれだった登山家の野口健さんもその1人だ。野口さんのエピソードを語り、子どもの行動を変容させる。

ゆっくりと次の文を語る。

「小さい頃から勉強は全然だめだった」

「何といっても中2でクラスのビリ。中3で学年のビリというどん底の成績だ」

「夢中になるものがなかった。落ちこぼれの僕」

この人はどんな人だと思いますか。

子どもたちからマイナスイメージの意見が出てくる。

登山家。「野口健」さんの少年時代の様子です。25歳にして世界七大陸の最高峰を制覇。最年少記録を樹立しました。

世界最高峰のエベレストも制覇した人です。

インターネットで野口氏の顔写真、エベレストの写真を探し、提示すると効果的である。

エベレストに登りたくて、登りたくて、登りたくて仕方なかった野口さん。やっと夢が叶いました。

ところが野口さんはエベレストを見て強いショックを受けたと言います。どうしてだと思いますか。

「思ったより高くなかった」等、子どもの意見は全て認める。ここでは、答えは告げずに次に進める。

エベレストから帰った野口さんは、当時の総理大臣、橋本総理に会いに行きました。

橋本総理もエベレストにチャレンジしたことのある1人だったのです。

橋本総理は野口さんの栄誉を讃えました。

この時野口さんは、橋本総理にお土産を持っていきました。何だと思いますか。

エベレストの雪、エベレストの写真等が出る。

かつて、橋本総理の登山隊が残していった「ゴミ」でした。酸素ボンベには橋本隊の名前が書かれていたのです。「確かに、橋本隊のものである……」

橋本総理は顔を真っ赤にして行いを恥じました。

夢にまで見た世界最高峰の山は、世界一高いゴミ捨て場だったのです。

しかも、日本の登山隊のゴミが多かったのです。

野口さんはエベレストの清掃活動を始めます。

高山での作業は危険を伴う命がけの活動でした。

インターネットで〝富士山・ゴミ〟で検索すると、写真が出る。〝エベレスト〟も同様に検索するとイメージがわく。

日本一高い「富士山」

夏でも頂上はとっても寒いです。そのため、登山できるのは7月と8月だけ。

たった2ヶ月で30万人が登山します。

富士山とエベレスト、ゴミはどちらが多いと思いますか。

ここで、それぞれの立場の子に理由を言わせてもよい。

たった2ヶ月しか登れない富士山が、世界で一番汚い山だと呼ばれているのです。

野口さんは富士山の清掃活動も始めます。

今でも世界中の山をボランティアで清掃しています。

夢中になるものがないと言っていた落ちこぼれ少年は「掃除」がきっかけで人生が変わったのです。

今ではずいぶん登山者のマナーも良くなって来ています。野口さんの清掃活動が人々（登山者）の心を動かしたのかもしれません。

〈引用文献〉『インターネットを使った楽しい道徳・ボランティアの授業③』赤木雅美氏「違いの分かる男」の授業

（杉本友徳）

〈編著者紹介〉
甲本卓司（こうもと　たくし）
隔月刊『教育コミュニティ』誌編集長
TOSS岡山サークルMAK代表
岡山県鏡野町香々美小学校教員

◇TOSS岡山サークルMAK（マック）
雑誌『教育コミュニティ』誌（TOSS）編集長、甲本卓司氏を代表として、2000年8月に結成。現在、岡山市を中心に約30名で活動をしている。月2回の定例会、夏の合宿、サークル冊子制作などの活動を行っている。

〈執筆者一覧〉
小野隆行（岡山県岡山市立芥子山小学校）
藤原能成（岡山県倉敷市立玉島南小学校）
吉田真弓（岡山県岡山市立加茂小学校）
大恵信昭（香川県立香川中部養護学校）
三浦広志（岡山県岡山市立芳泉小学校）
津下哲也（岡山県備前市立香登小学校）
土師宏文（岡山県倉敷市立赤崎小学校）
畦田真介（岡山県岡山市立幡多小学校）
佐藤紀子（岡山県岡山市立津島小学校）
赤木雅美（岡山県公立小学校）
熊谷直樹（岡山県岡山市立開成小学校）
三宅孝明（岡山県倉敷市立水島小学校）
梶田俊彦（岡山県岡山市立芳明小学校）
熊谷博樹（岡山県瀬戸内市立美和小学校）
今浦敏江（岡山県岡山市立浦安小学校）
小野敦子（岡山県岡山市立御休小学校）
杉本友徳（香川県丸亀市立垂水小学校）

“黄金の1週間”でつくる学級システム化小辞典
張り切ってやる!　日直当番・給食・そうじ活動の仕掛け

GAKUGEI MIRAISHA

2016年1月15日　初版発行
2018年4月2日　第2版発行

編著者　甲本卓司
発行者　小島直人
発行所　株式会社 学芸みらい社
〒162-0833 東京都新宿区箪笥町31 箪笥町SKビル
電話番号 03-5227-1266
http://www.gakugeimirai.jp/
e-mail : info@gakugeimirai.jp
印刷所・製本所　藤原印刷株式会社
装丁デザイン・DTP組版　星島正明

ISBN978-4-908637-06-3 C3237